IL FAUT SAUVER LA FRANCE

LA DÉCADENCE, SES CAUSES

REMÈDES & MOYENS

PAR

Horace MARION

Docteur en Droit, Ancien Magistrat,
Ancien Président du Groupe lyonnais des Unions
de la Paix sociale, Président honoraire du Comité lyonnais
de l'Œuvre des Cercles catholiques d'ouvriers,
Membre de la Société d'Économie sociale.

TRÉVOUX

J. JEANNIN, IMPRIMEUR-ÉDITEUR

—

1910

IL FAUT SAUVER LA FRANCE

IL FAUT SAUVER LA FRANCE

LA DÉCADENCE, SES CAUSES
REMÈDES & MOYENS

PAR

Horace MARION

Docteur en Droit, Ancien Magistrat,
Ancien Président du Groupe lyonnais des Unions
de la Paix sociale, Président honoraire du Comité lyonnais
de l'Œuvre des Cercles catholiques d'ouvriers,
Membre de la Société d'Economie sociale.

TRÉVOUX
J. JEANNIN, IMPRIMEUR-ÉDITEUR

1910

Oui, il faut sauver la France. C'est le cri que poussent tous ceux qui la voient s'enliser chaque jour davantage dans la boue qui recouvre l'abime.

Mais comment? C'est la question angoissante que quelques-uns se contentent de poser, que de plus rares essaient de résoudre et qui, non solu-tionnée, provoque l'indifférence ou fait naître le découragement.

De là résulte, dans l'ensemble de la nation, un état de torpeur, de fatalisme et d'aveugle-ment, sous l'empire duquel elle subit en silence un pouvoir inepte et tyrannique et accepte, sans protester, les pires entreprises de ceux qui ne le détiennent que pour faire leur fortune aux dépens de celle du pays.

Il est grandement temps de réagir contre un

pareil état d'esprit et de faire l'effort nécessaire pour secouer le joug.

Depuis quelque temps on l'a tenté en essayant d'opposer, au bloc destructeur des principes qui ont fait la grandeur de la patrie, l'union de tous ceux qui veulent les conserver.

On a cherché à réaliser cette union, soit sur le terrain politique, soit sur le terrain religieux. Mais, malgré toutes les bonnes volontés, elle ne s'est pas faite. Et si, cette année, le résultat des élections à la Chambre n'a pas été aussi mauvais qu'on pouvait le craindre, c'est moins aux efforts des conservateurs qu'on le doit, qu'aux fautes commises par leurs adversaires.

Faut-il s'en étonner ?

Nullement. L'expérience du passé pouvait faire pressentir l'insuccès.

Plusieurs fois déjà, on a essayé de réaliser l'entente sur ces deux terrains. Elle a toujours échoué :

Sur le terrain politique, parce que chaque parti ayant, à l'appui de son système, de bons arguments avec lesquels il espère convaincre, aucun n'y veut renoncer franchement pour adopter celui d'un rival.

Sur le terrain catholique, parce qu'il éloigne forcément les conservateurs qui ont des principes religieux différents, aussi bien que toute cette masse flottante, qui veut l'ordre et la paix, tout en restant hostile ou indifférente en matière religieuse.

Il faut donc trouver un autre terrain d'entente, moins contesté que le terrain politique, plus large que le terrain catholique.

Ce terrain existe. C'est celui de la Loi morale.

L'illustre Le Play et l'Ecole de la Paix Sociale, après lui, en ont amplement et scientifiquement, on peut le dire, fait ressortir l'importance et la valeur.

Ils ont démontré que les peuples qui observent la Loi Morale prospèrent, que ceux qui la violent souffrent et que ceux qui la rejettent meurent.

Qu'ils acceptent de confiance cet axiome ou qu'ils en recherchent la vérité, une fois convaincus, tous les conservateurs de bonne foi, quelles que soient leurs convictions politiques ou religieuses, ne pourront refuser de s'unir sur ce terrain.

Ce serait un grand pas de fait.

En 1871, après les désastres sans nom qui venaient de fondre sur la France, Le Play le proposait déjà. Le désarroi profond du monde gouvernemental et politique, les aspirations unanimes du pays vers l'ordre et la paix, la brusque et complète réalisation de ce qu'il avait prédit, alors que rien ne pouvait faire soupçonner la faiblesse de la France, aussi peut-être l'attrait de la nouveauté assurèrent à sa proposition un moment de vogue. Dans tout le pays, sans distinction d'opinions, se créèrent des groupements pour rechercher les moyens de revenir à la pratique de la Loi Morale et pour essayer d'organiser, sur ces bases, un gouvernement stable. L'enthousiasme fut grand et beaucoup crurent que la question sociale allait recevoir sa solution définitive.

Ce ne fut malheureusement qu'un feu de paille !

Les théories de Le Play avaient le tort de n'être familières qu'à une élite savante, plus portée aux études théoriques qu'aux applications pratiques. Les groupements se bornèrent à des déclarations de principes et ne surent ou ne purent pas les transformer en actes, pendant que cela leur était possible.

A partir du 16 mai, l'occasion était perdue, car, peu après, arrivaient au pouvoir ceux dont se réclament encore les gens qui nous gouvernent et dont les principes sont la négation des préceptes de la Loi Morale.

Peut-on reprendre aujourd'hui ce terrain d'entente avec quelques chances de succès?

Je le crois et en voici les raisons :

Tout d'abord l'état de malaise, sans cesse grandissant, dans lequel nous nous débattons, démontre à tous, par l'expérience, combien est vrai l'axiome de Le Play.

D'autre part, ses théories, mieux connues et mises un peu partout en pratique, seront plus facilement acceptées.

Enfin, puisque tous les autres terrains d'entente font défaut ou donnent des résultats insuffisants, pourquoi n'adopterait-on pas celui-là qui a le mérite d'être le plus large ?

Je m'étonne qu'on n'y ait pas déjà songé et que la proposition n'en ait pas été faite, au moins par un des chefs de l'Ecole de la Paix Sociale.

N'ayant aucune qualité pour la faire, j'ai laissé

passer la période électorale dans l'attente d'une initiative autorisée. Il convenait aussi de ne pas jeter le trouble dans les combinaisons arrêtées et de voir quel en serait le succès.

Maintenant que l'épreuve a eu lieu et n'a pas donné de résultats sérieux, il faut, de suite, se remettre à l'œuvre pour réussir, s'il se peut, aux prochaines élections. On ne saurait commencer trop tôt.

C'est ce qui m'autorise à produire les moyens d'action que je développe dans les pages qui vont suivre.

Je l'ai fait aussi clairement que je l'ai pu, exposant sincèrement ce que je crois être la vérité, laissant à tous la liberté de discuter mes conclusions.

Auront-elles, pour quelques-uns, l'attrait de la nouveauté ?

Je ne sais, mais ce dont je suis sûr, c'est qu'elles ne plairont ni aux violents qui, pour imposer leurs idées, n'hésitent pas à fouler aux pieds le droit et la justice, sans lesquels, cependant, on ne fonde rien de durable, ni aux jouisseurs qui se garderont bien de faire l'effort nécessaire pour rétablir une loi leur imposant des devoirs et mettant un frein à leurs passions, ni aux impatients, qui ne veulent que des résultats immédiatement tangibles, ni aux égoïstes, qui trouveront inutile de se déranger pour entreprendre une réforme dont ils ne profiteront pas.

Puissent-ils ne pas être les plus nombreux !

Puisse la masse, encore saine de la nation, les classes moyennes et ouvrières surtout, mieux éclairées, se réveiller de leur torpeur, secouer les chaînes dont on les enlace et trouver, dans leur sein, les énergies nécessaires pour organiser la résistance et assurer le retour aux principes qui font les peuples libres, heureux et prospères.

Ne serai-je parvenu qu'à convaincre quelques lecteurs, que je croirais n'avoir pas fait œuvre inutile, tout en remplissant mon devoir de citoyen.

1er novembre 1910.

PARTIE PREMIÈRE

— —

DÉCADENCE

CHAPITRE I

Questions à se poser.

———

Sommes-nous, oui ou non, en décadence ?

La réponse à cette question est d'une importance capitale, au moins pour tous ceux, et ils sont nombreux encore, qui ont le culte de la patrie et qui aiment la France.

Or, elle diffère du tout au tout, selon la position de ceux qu'on interroge. S'ils sont du côté du manche, c'est-à-dire s'ils participent ou s'ils espèrent participer aux avantages du Pouvoir, aux faveurs du Gouvernement, tout est pour le mieux dans le meilleur des mondes et la France est évidemment en progrès, ou, tout au plus, elle traverse une crise qui se terminera le jour où ils prendront la direction des affaires.

La réponse des autres va du doute jusqu'à l'affirmation absolue de la décadence et de la culbute finale.

Les raisons que l'on donne de part et d'autre sont, le plus souvent, superficielles et ne sauraient satisfaire ceux qui réfléchissent et veulent se rendre un compte exact de la situation. Aussi ne sera-t-il pas inutile d'examiner la question de plus près, si l'on veut se faire une opinion raisonnée.

En observant l'histoire des peuples, on voit qu'elle enregistre, pour tous, tant qu'ils vivent, des phases alternatives de prospérité et de décadence.

Cela tient à la liberté, à l'esprit de progrès, aux défaillances du vice originel[1] qui distinguent l'homme de l'animal.

Ce dernier jouit bien aussi d'une certaine liberté, mais elle est limitée aux seuls actes qui ont pour but la conservation de l'individu et la reproduction de l'espèce.

---

[1] L'existence d'un vice qui trouble la raison de l'homme et énerve sa volonté, dès leurs premières manifestations, n'est pas douteuse. Nous l'établirons plus loin.

L'esprit de progrès lui est inconnu. Il n'a que la faculté restreinte de s'adapter, dans la mesure que permettent les lois qui le régissent, aux milieux nouveaux où il peut être appelé à vivre.

Quant aux défaillances que pourrait provoquer chez lui le vice originel, elles lui sont inconnues et ses actes sont toujours conformes aux décisions de sa raison limitée et appropriés au but qu'il veut atteindre.

Aussi les espèces animales évoluent-elles toujours dans les mêmes conditions et ne connaissent-elles d'autres phases de prospérité et de décadence que celles qui résultent d'une adaptation bonne ou mauvaise à leur milieu.

Toute autre est la marche de l'humanité. En la suivant quelque peu, on voit chaque peuple, vraiment digne de ce nom, s'élever peu à peu jusqu'à une civilisation plus ou moins avancée, pour tomber, se relever et finalement disparaître.

On voit aussi, en les comparant entre eux, qu'ils s'avancent d'une façon inégale sur cette route du progrès et que ceux qui marchent du pas le plus rapide et le plus sûr finissent presque toujours par absorber les autres.

18

Ce progrès, cette décadence, cette marche iné-
gal tiennent à l'observation ou à la violation de
lois que nous examinerons tout à l'heure. Pour
le moment, contentons-nous de rechercher quels
sont les signes certains de prospérité et de décadence et voyons ceux qui dominent actuellement
en France.

Les signes de progrès sont multiples, mais on
peut les ramener aux suivants :

1° Accroissement régulier des richesses morales, matérielles et physiques ;

2° Diffusion de ces richesses dans le plus grand
nombre de mains possible.

3° Utilisation de ces richesses pour le plus
grand bien de tous.

4° Respect de l'autorité dans la famille, les
associations et la Société.

5° Maintien habituel de l'ordre et de la paix
dans la famille et la Société.

6° Rapports pacifiques, faciles et fréquents
entre les individus, les familles et les associations.

7° Augmentation de la population. Accroissement de sa valeur physique et morale.

Examinons successivement chacun de ces
points.

§ Ier. — *Accroissement régulier des richesses morales, intellectuelles, matérielles et physiques.*

D'une façon générale, la richesse est l'accumulation des choses qui servent à satisfaire les besoins de l'homme.

Ces besoins naissent de l'imperfection de sa nature et des défaillances de sa volonté.

Plus les choses qui servent à remédier à cette imperfection et à ces défaillances sont nombreuses et à la disposition facile de tous, plus l'individu et la Société peuvent se perfectionner et par conséquent progresser.

Or, pour avoir toute leur utilité, il faut que ces choses soient choisies et accumulées de façon à satisfaire les besoins qui naissent de la triple nature morale, intellectuelle et physique de l'homme.

Au point de vue moral, il a besoin de savoir d'où il vient, où il va, d'un guide sûr pour le conduire au but qu'il doit atteindre, d'un appui pour remédier aux défaillances de sa volonté.

Il faut qu'il trouve tout cela dans les richesses

morales qui doivent mettre abondamment et facilement à sa disposition les moyens de satisfaire à ces divers besoins.

Au point de vue intellectuel, il éprouve les besoins de sentir, d'aimer, de raisonner, de travailler. Il doit pouvoir les satisfaire à l'aide des moyens divers que mettent à sa disposition les richesses intellectuelles et matérielles.

Les richesses intellectuelles, par l'accumulation des œuvres d'art, de science, de littérature.

Les richesses matérielles, soit par la réalisation pratique de ses conceptions, soit par les moyens qu'elles donnent pour les réaliser.

Au point de vue matériel, ses besoins seront satisfaits par les produits naturels ou artificiels qu'il saura tirer de la terre et, au point de vue physique, par les soins qu'il saura prendre pour s'entretenir en bon état de santé.

A mesure que les besoins sont apaisés par la mise à la disposition de l'homme de ces richesses, il en naît d'autres que de nouvelles richesses doivent satisfaire. Il faut donc que l'homme travaille sans cesse s'il veut progresser, non seulement pour pourvoir à ses besoins actuels, mais encore à ceux qui surviendront plus tard.

Il en résulte que, chez tous les peuples en voie de progrès, les richesses tendent à s'accumuler et à s'accroître d'une façon constante pour faire face aux besoins nouveaux.

Mais l'accumulation des richesses devient pour l'homme un danger s'il en use sans discernement et, au lieu de procurer le progrès, elle peut faire naître la décadence.

Il a, en effet, parmi ses besoins à faire un choix entre ceux qui sont bons, c'est-à-dire qui, répondant à une nécessité vraie et licite, peuvent, en étant satisfaits, l'aider à suivre la voie du progrès et ceux qui sont mauvais, c'est-à-dire qui, satisfaits, produisent un résultat dangereux ou illicite et l'arrêtent ou même le font rétrograder.

Il a pleine liberté pour faire ce choix. Mais si l'observation des faits peut le guider pour cela, l'expérience journalière prouve qu'elle ne suffit pas et qu'il lui faut, pour ne pas se tromper dans le choix et surtout pour persévérer dans l'emploi exclusif des bons moyens, un guide sûr, un appui en lequel il ait pleinement confiance.

§ II. — *Diffusion des Richesses dans le plus grand nombre de mains possible.*

L'accumulation des richesses dans une Société ne suffit pas pour qu'elle progresse, il faut encore qu'elles soient facilement accessibles à tous et que chacun puisse les employer pour la satisfaction de ses besoins.

Or cela ne se rencontre pas toujours.

Les richesses matérielles sont bien produites par le plus grand nombre, obligé de travailler pour vivre, mais souvent ce grand nombre est loin d'en retenir ce qui lui est nécessaire.

Il arrive donc qu'une grande accumulation de richesses peut se trouver concentrée entre les mains du petit nombre, dont elles satisfont surabondamment les besoins, tandis que le reste de la nation souffre de ce qu'elle ne peut subvenir aux plus indispensables des siens.

Cette mauvaise répartition est la cause de troubles que font naître et attisent l'orgueil et l'égoïsme des premiers, la jalousie et l'envie des seconds. Ces troubles entravent le progrès et préparent la décadence.

Si la diffusion des richesses intellectuelles et surtout des richesses morales existe, si toutes les classes de la Société en sont pénétrées et savent en user, la situation mauvaise, créée par l'inégale répartition des richesses matérielles, peut s'améliorer. Les classes riches, en effet, sauront, de leur plein gré, prendre pour cela les mesures nécessaires et, en attendant, mettre largement à la disposition des classes pauvres leur superflu pour atténuer leur misère.

Les classes pauvres sauront, de leur côté, mieux accepter ce que cette situation présente de pénible pour elles.

Mais qui ne voit ce que la paix, ainsi établie, aura de précaire et combien il faudra peu de chose pour qu'elle soit détruite et que le trouble renaisse.

La tentation sera bien forte des deux côtés et, pour peu que l'effort des classes riches se ralentisse et qu'elles substituent, à leurs dons volontaires, la force que la richesse met en leurs mains pour imposer aux classes pauvres cette inégale répartition, la paix n'existera plus qu'à la surface et, pour peu que les richesses morales diminuent dans les classes pauvres, les richesses intellectuelles, qu'elles auront acquises, mettront à leur disposition des moyens de lutte d'autant plus redoutables que leur accumulation et leur diffusion seront plus grandes.

Il est donc de toute nécessité que les richesses morales, les plus importantes puisque elles règlent le bon emploi de toutes les autres, soient aussi également que possible réparties entre toutes les classes de la Société, que les richesses intellectuelles soient à la disposition de chacun, dans la mesure de ses facultés, et que les richesses matérielles soient assez accessibles aux classes pauvres pour que leurs besoins, au moins essentiels, puissent être satisfaits.

§ III. — *Utilisation des Richesses pour le plus grand bien de tous.*

La diffusion des richesses ne suffit pas, il faut encore qu'elles puissent être, non gaspillées, mais sagement utilisées.

C'est là surtout que les richesses morales auront leur emploi et révèleront leur importance supérieure si elles poussent les individus, les associations, la Société elle-même à ne satisfaire que leurs besoins nécessaires et légitimes, elles seront bonnes et rempliront la mission pour laquelle elles ont été créées.

Si, au contraire, elles leur permettent de satisfaire des besoins superflus et illégitimes, elles seront mauvaises et empêcheront le progrès de se réaliser.

Mais, dira-t-on, où sera la limite entre les besoins nécessaires et légitimes et ceux qui ne le sont pas.

Elle est souvent difficile à déterminer, parce qu'elle se déplace sans cesse avec les progrès de la civilisation.

Tel besoin à un moment donné est superflu qui peut devenir nécessaire dans d'autres conditions et d'autres milieux.

On peut poser cependant en règle générale qu'un besoin nécessaire est légitime toutes les fois que sa satisfaction ne nuit pas à la bonne santé physique, intellectuelle et morale de l'individu, ainsi qu'à la bonne harmonie et à la paix dans les associations et la Société.

26

Si l'individu, isolé, a toute latitude pour apprécier la nature de ses besoins et leur donner la satisfaction qu'elle peut légitimement comporter, il ne l'a plus dans les associations où les rapports, qu'il a nécessairement avec les autres associés, peuvent être la source de conflits.

Il faut donc, au-dessus d'eux, une autorité qui ait qualité et compétence pour limiter la satisfaction des besoins particuliers, de façon à ce que les besoins généraux n'en soient pas atteints et réciproquement.

§ IV. — *Respect de l'autorité dans la Famille, les Associations et la Société.*

Cette autorité n'aura son efficacité complète que lorsqu'elle sera librement acceptée par ceux qui y seront soumis.

Une fois qu'ils l'auront acceptée, ils devront lui obéir tant que ses commandements se renfermeront dans les conditions et les limites expressément ou tacitement convenues.

L'obéissance est une marque extérieure de respect, mais ce respect ne peut être complet et l'adhésion entière que si l'autorité découle, non seulement du consentement d'égaux toujours sujet à variation et toujours révocable, mais aussi et surtout d'un supérieur tout à la fois à celui qui commande et à celui qui obéit.

Tous alors, soumis à la même loi, connaissent les limites où doit s'arrêter le commandement et finir l'obéissance. Tous sauront qu'ils ont un recours à ce supérieur commun.

Assise sur de telles bases, l'autorité du père devra être respectée et obéie dans la famille. Il en est le chef naturellement désigné, soit parce qu'il l'a engendrée, soit parce que ses aptitudes physiques lui donnent les moyens et la force nécessaires pour remplir ce rôle.

Dans les associations et la Société, l'autorité de ceux qui ont été désignés pour commander doit tout autant être respectée et obéie, soit parce que le choix que l'on a fait d'eux laisse supposer qu'ils sont capables de remplir ce rôle, soit parce que leur ministère indispensable s'exerce au nom de l'Être suprême qui règle l'ordre dans le monde.

§ V. — *Maintien habituel de l'ordre et de la paix dans la Famille, les Associations et la Société.*

Dans ces conditions, la famille se maintiendra prospère et féconde, puisque la conservation de l'individu est un de ses buts essentiels et que le plaisir physique pousse les sexes à se réunir pour assurer la procréation de l'espèce.

La race se maintiendra saine et belle, la population augmentera et par suite la force défensive de la nation s'en accroîtra d'autant.

La paix et le bon accord qui règneront dans les associations et la Société, en leur permettant de développer et d'augmenter leurs richesses de toute nature, les mettra, de mieux en mieux, à même de donner, aux besoins de leurs membres, une satisfaction de plus en plus complète, signe évident de prospérité.

§ VI. — *Rapports faciles et fréquents entre les individus, les familles et les associations.*

Mais, pour assurer et rendre plus rapide cette

marche dans la voie du progrès, il est essentiel que les individus, les familles et les associations sachent, non seulement se faire les concessions nécessaires, mais encore s'entr'aider mutuellement.

Plus cet esprit de conciliation sera répandu, plus les rapports deviendront agréables et se multiplieront.

Cela est relativement facile dans les familles, dont les membres sont unis par les habitudes de la vie commune et où l'expérience de chaque jour fait mieux comprendre et développer les sentiments de solidarité.

Si cela devient plus difficile dans les associations et la Société, c'est loin d'être impossible. Les intérêts communs, les relations nécessaires servent à faire naitre ces sentiments dans les associations. Dans la Société, l'identité de langage, les traditions des ancètres, les souffrances subies ou les joies acceptées en commun sont la source de ces sentiments que développent le contact journalier et surtout l'éducation qui en fait comprendre tous les avantages résumés dans l'idée de Patrie et symbolisés par le Drapeau national.

Ces rapports faciliteront les transactions, les rendront fécondes et donneront à la vie nationale une douceur et un agrément qui contribueront, dans une large mesure, au progrès de la civilisation.

§ VII. — *Résultats au point de vue physique, matériel, intellectuel et moral.*

Les résultats ne tardent jamais à se produire chez les peuples où se manifestent ces signes de progrès.

Les principaux sont :

Au point de vue physique,

L'accroissement de la natalité, le perfectionnement de la race, la vigueur et la bonne santé des individus ;

Au point de vue matériel,

L'accroissement de la fortune publique, son équitable répartition dans les mains du plus grand nombre, son emploi judicieux, par les particuliers, pour la satisfaction de leurs besoins légitimes ; par la société, pour les objets de véritable utilité nationale, tels que l'armée, la marine, le commerce, l'industrie, les transports, etc., l'ordre matériel que ne troubleront plus que rarement des conflits promptement solutionnés et, comme conséquence, une augmentation de la puissance de la nation, qui lui assurera, avec le respect de ses voisins, la paix nécessaire;

Au point de vue intellectuel,

Le développement de la littérature, des arts, qui embellissent et moralisent la vie, les découvertes de la science, qui permettent de mieux satisfaire les besoins et contribuent à l'augmentation des richesses matérielles;

Au point de vue moral,

La vérité mieux connue et plus répandue dans les masses, une éducation meilleure et, par conséquent, pour tous, une connaissance plus complète des devoirs et une volonté plus ferme de les remplir, le règne de l'ordre moral et la diminution de la criminalité.

CHAPITRE II

Examen des Résultats.

———

Ces résultats ne sauraient se manifester chez toutes les nations avec une égale intensité et même, en comparant deux nations entre elles, l'une peut sembler en décadence vis-à-vis de l'autre qui aura marché plus vite.

Aussi, pour se faire une idée exacte de l'état de prospérité d'une nation, on devra, non seulement examiner si les signes de prospérité apparaissent et si les résultats se produisent, mais encore vérifier dans quelle mesure ils se sont produits, comparativement avec les nations qui l'entourent.

C'est, dans ces conditions, qu'il faut se placer pour apprécier sainement la situation de la France. Or il n'est, malheureusement, pas besoin de consulter longuement les renseignements que donnent les statistiques pour se rendre compte qu'elle n'est pas en progrès.

Les signes que nous venons d'en relever s'y manifestent de moins en moins, si même ils ne font pas place aux signes contraires. Les résultats s'amoindrissent chaque année et finissent même par devenir négatifs.

Quelques-uns, qui se maintiennent encore, permettent aux partisans de la situation actuelle de se faire illusion et d'essayer de démontrer que la France peut bien traverser une crise, mais passagère, et que la marche en avant ne saurait tarder à reprendre.

En examinant quelle est la situation en ce qui concerne chaque signe de prospérité, nous allons voir si cette espérance est fondée.

L'accroissement des richesses matérielles est certain. Soit par le travail, soit par l'économie, elles continuent à s'accumuler dans des proportions considérables.

C'est sur cette situation, satisfaisante, mais

purement matérielle, que s'appuient surtout ceux qui prétendent que la France est toujours en progrès. Mais il faut bien le dire, cette situation n'est pas saine et, loin de suffire à elle seule pour constituer un progrès, elle renferme d'incontestables dangers.

Elle n'est pas saine, parce que l'accroissement des richesses n'est pas due seulement au travail et à l'économie, mais aussi, pour une trop large part, à la diminution systématique et volontaire de la natalité.

Chaque famille, en effet, ayant un nombre de plus en plus restreint d'enfants, consomme moins d'objets de première nécessité, peut épargner davantage, disposer de sommes plus importantes et paraître augmenter ainsi la richesse générale.

Cette source d'accroissement a donné et donne encore son plein effet, mais, outre qu'elle est éminemment condamnable, elle n'est que passagère, parce que lorsque toutes les familles auront réduit au minimum la procréation des enfants, elle sera tarie, en même temps que l'aisance plus grande, passagèrement provoquée par elle, aura ralenti et énervé l'effort pour le travail.

D'autre part, cette augmentation de richesses donne à ceux qui les possèdent des facilités, jusque-là inconnues, pour satisfaire leurs besoins.

Tant qu'il ne s'agit que de besoins nécessaires et légitimes, il n'y a rien à dire. Mais l'attrait du luxe, l'amour du bien-être, joints à l'égoïsme individuel, les pousse fatalement à la satisfaction des besoins inutiles et illégitimes. Et comme tous ne peuvent se procurer, dans la même mesure, cette satisfaction, elles provoquent, avec l'envie et la jalousie, la division et la lutte des classes.

Cela est évidemment une cause de trouble et entrave la marche du progrès.

Il est facile de constater comment cet état de choses s'est, peu à peu, établi en France.

Il est certain que, depuis le second Empire, avec un fléchissement sérieux de la natalité, a coïncidé une satisfaction plus grande des besoins de luxe, de plaisir et de bien-être, surtout dans les classes riches.

Il est non moins évident que la division et la lutte des classes s'en est accentuée davantage.

Donc l'accroissement des richesses, dans les conditions où il s'est produit, loin d'être une source de progrès, a été une cause de décadence.

Ce qui tend à la rendre tous les jours plus grave, c'est l'inégale répartition de ces richesses qui se fait jour dans le pays. Elles se concentrent, petit à petit, en des mains de moins en moins nombreuses.

Ce mouvement ne fait que commencer, mais, à mesure que l'énergie individuelle diminue, que les sociétés se substituent partout aux particuliers, que les familles se partagent un patrimoine que le travail et l'esprit d'entreprise ne font plus fructifier, les richesses tendent à se concentrer entre les mains des plus hardis et des plus adroits, dont les entreprises se dissimulent souvent sous le couvert anonyme de banques ou de syndicats puissants.

Cette concentration, en donnant aux favorisés plus de facilité pour satisfaire leurs besoins et en rendant plus dure la vie des déshérités, toujours plus nombreux, vient augmenter les désastreux effets de la mauvaise répartition des richesses et accentuer la marche vers la décadence.

Si encore les classes qui possèdent la richesse et l'État en faisaient un emploi utile à tous, le mal serait moins grand.

Mais il n'en est pas ainsi.

Les particuliers, pour la plupart, les dépensent pour leur satisfaction personnelle et souvent inutile.

C'est un véritable gaspillage.

Quant à l'Etat, soit par lui-même, soit par des lois mal préparées, votées légèrement ou en haine de la religion, il en est arrivé, en pleine paix, depuis 1870 et sans incidents extraordinaires, non seulement à ne pas amortir les emprunts de guerre, mais encore à augmenter de plus des deux tiers les dépenses annuelles.

Même bien employées, ces sommes énormes, prélevées par l'Etat sur les particuliers, pèsent d'un poids trop lourd sur la génération actuelle et entravent le progrès.

Mais ce qui aggrave le mal, c'est qu'une grande partie est dissipée en pure perte, soit en dépenses improductives et mal engagées, en dilapidations provoquées par la négligence, l'incurie, le manque de surveillance, soit, ce qui est pire encore, en détournements qui enrichissent quelques individualités aux dépens du public.

Donc, en résumé, cette augmentation des richesses matérielles, que l'on constate en France, ne donne que l'illusion trompeuse de la prospé-

rité, parce qu'au lieu de se répartir équitable-
ment, elle ne profite qu'à quelques privilégiés,
parce qu'elle ne produit, en réalité, qu'une civilisation de façade, ou le petit nombre jouit, ou le
plus grand souffre.

Si les richesses matérielles s'accroissent encore, que dire des autres ?

Les faits parlent malheureusement trop haut
pour qu'on puisse contester leur déclin.

Les richesses physiques diminuent dans des
proportions inquiétantes pour l'avenir de la race.
Le niveau de la santé et de la mortalité moyenne
s'est sans doute relevé, mais ce n'est qu'une
apparence trompeuse. Les progrès de la science,
en diminuant la mortalité infantile, d'une part ;
et en conservant, d'autre part, l'existence d'individus qui autrefois auraient été éliminés, peuvent bien augmenter la moyenne de la vie, mais
cette conservation d'êtres chétifs ou mal confor-
més nuit à la pureté, à la vigueur, à la fécondité
de la race.

Il n'est pas douteux que, de nos jours, la santé
individuelle est moins bonne qu'autrefois, que le
nombre des valétudinaires est plus grand et que
les mariages sont moins prolifiques.

Il n'y a donc encore là que l'illusion d'un progrès, au fond, c'est la décadence !

Parlerai-je des richesses morales ? Hélas, leur diminution est encore plus grande, de l'aveu même de ceux qui pensent que .a morale, basée sur l'idée religieuse, a fait son temps et qui en préconisent une autre plus vague, donnant libre carrière à tous les instincts de l'humanité.

L'ancienne morale avait au moins l'avantage de soumettre l'homme à une loi fixe et à une éducation basée sur un système de récompenses et de châtiments qui, en fortifiant sa volonté, lui évitait des écarts dégradants.

La nouvelle, sur les bases de laquelle ses promoteurs ne sont pas même d'accord, ne lui offre rien de semblable. Elle n'est qu'un code de devoirs sans sanction.

Aussi commence-t-elle à produire ses fruits dans les jeunes générations et ils sont déplorables.

Les statistiques criminelles le démontrent sans réplique.

Les richesses intellectuelles s'accumulent, il est vrai. Les arts, les sciences entassent productions sur productions, mais cette abondance est-elle vraiment un progrès ?

Il est permis d'en douter.

Beaucoup de ces produits, loin de tendre à réaliser le beau idéal et de donner satisfaction aux nobles aspirations de l'homme, ne font qu'exalter ses bas instincts, exciter et assouvir ses pires passions.

La plupart, au lieu de commander au goût, de l'épurer, de le diriger dans des voies meilleures et plus hautes, ne visent qu'à satisfaire la mode régnante et les caprices les plus risqués du luxe.

Et la littérature ? Elle se fait davantage encore l'esclave de l'opinion publique, qu'elle suit platement dans toutes ses manifestations.

On ne veut plus de livres traitant de questions morales ou philosophiques. On n'en fait plus et les quelques rares qui paraissent sont forcés, s'ils ne sont pas franchement mauvais, de s'accommoder, pour se faire lire, au goût du jour.

Ce qui domine, de beaucoup, c'est le roman d'aventures et de mœurs.

Le premier habitue la masse à vivre dans une atmosphère irréelle, qui fait trouver insipides les occupations et le travail de chaque jour. Le second déprave le cœur, souille l'imagination, énerve le corps.

Bien rares sont les œuvres de ce genre qui remplissent une mission réellement utile et moralisatrice, plus rares encore sont celles qui, en essayant de la remplir, arrivent à conquérir la faveur du public.

Le mal que peut faire toute cette littérature n'est rien en comparaison de celui que réalise la presse quotidienne.

Sauf de rares exceptions, la majorité finit toujours par suivre les inspirations de son journal, et, comme beaucoup trop de ces feuilles sont rédigées au jour le jour et donnent hâtivement, sur les sujets les plus délicats ou les plus graves, des solutions peu étudiées et par cela même trop souvent inexactes, il s'en suit que l'opinion publique est souvent faussée.

De cet ensemble se dégage évidemment l'impression que le niveau des richesses intellectuelles s'abaisse lentement et que, sur ce point encore, notre pays est sur la pente de la décadence.

La famille présente actuellement en France un spectacle lamentable. Dans les classes riches, les conjoints ne songent qu'au luxe, au bien-être, à la satisfaction de besoins souvent inutiles et factices. Ils donnent trop souvent, à ceux qui les entourent, le spectacle de leur inconduite et des discussions orageuses que provoquent les passions. Les clubs, les cercles, les sports pour les hommes, le féminisme sous ses diverses manifestations, pour les femmes, leur donnent des habitudes de vie qui arrivent à les rendre à peu près étrangers l'un à l'autre, et la mode des déplacements incessants rend impossible l'existence d'un milieu véritablement familial.

Les enfants, abandonnés aux soins des domestiques d'abord, puis livrés aux instituteurs ou placés dans des établissements publics, ne sont plus élevés par leurs parents, qui se désintéressent de leur éducation.

Ils ne peuvent, dès lors, prendre l'habitude du respect de l'autorité et, dès qu'ils peuvent voler de leurs propres ailes, les réunions d'amis, les parties de plaisir achèvent de les enlever au foyer familial, dont ils n'ont jamais connu les douceurs.

Dans les classes pauvres, le désastre est encore plus grand.

Les parents, occupés tout le jour dans les ateliers, ne peuvent ni surveiller leurs enfants, ni leur donner les premiers éléments de l'éducation.

Le père, qui rentre au logis le soir, souvent épuisé par le travail, ne trouvant pas le repas prêt, souffrant du désordre auquel la femme seule est quelquefois impuissante à remédier, va achever la journée au cabaret où il perd, avec son argent, sa santé et les quelques principes moraux qui pouvaient l'aider à supporter sa misère.

Quant à la mère, instrument de plaisir pendant sa jeunesse, elle épuise, lorsque ses charmes sont passés, ce qui lui reste de vie à la tâche ingrate d'entretenir, presque avec les seules ressources de son travail, son ménage et de subvenir aux besoins les plus indispensables d'enfants dont le père se soucie peu et qui lui échappent dès qu'ils pourraient lui venir en aide.

Aussi, dans de pareils milieux, l'autorité n'est-elle respectée que lorsqu'elle a la force pour elle, et tous ceux qui y sont soumis se hâtent de s'y soustraire dès qu'ils le peuvent.

Cette attitude de la famille n'est heureusement pas encore générale. Il en existe où l'autorité des parents est respectée, où l'éducation des enfants se fait dans de bonnes conditions, où la vie de famille et l'affection réciproque se maintiennent. Mais l'observation des faits prouve, malheureu-

sement, que leur nombre diminue progressivement et que la désorganisation s'élargit tous les
jours.

Il en est de même dans les associations. L'intérêt devient de plus en plus le seul lien qui
en unisse les membres.

L'autorité, issue des hasards d'une majorité
sans cesse changeante, perd, par son instabilité
même, une partie de sa force. Elle n'est obéie
que parce que l'on sent instinctivement la nécessité d'une direction, mais elle n'est ni respectée
ni aimée.

Dans les sociétés industrielles et commerciales,
la lutte des classes divise de plus en plus les
patrons et les ouvriers en deux partis opposés
dont les différends, sans cesse renouvelés, nuisent chaque jour davantage à la production nationale.

Dans le corps social lui-même, l'autorité, battue
en brèche par les partis révolutionnaires, n'ayant
d'autre point d'appui qu'une majorité instable,
discutée par ceux-là même qui reconnaissent la
nécessité de son existence et de son fonctionnement, n'est obéie que tant qu'elle a pour elle la
force et le succès.

Quant au respect qui lui est dû, ses fautes, sa faiblesse, son manque d'unité dans la direction lui enlèvent le peu qu'elle en pourrait inspirer.

De l'ensemble de cette situation se dégage un état social instable, constamment troublé par les revendications de ceux dont les intérêts sont lésés et dont les besoins ne sont pas satisfaits. Cet état est certainement contraire au progrès général et, en grandissant, il accentue la marche vers la décadence.

Dans l'ancienne France et même jusqu'au siècle dernier, les rapports, dans la famille et les diverses classes de la Société, étaient faciles et fréquents.

Notre pays avait, à ce point de vue, une réputation particulière et méritée. Il tend malheureusement à la perdre.

Dans la famille où, nous venons de le voir, les membres deviennent de plus en plus étrangers les uns aux autres, l'affection, qui était le lien le plus naturel et le plus doux, disparaît pour faire place à l'intérêt ou à une camaraderie, entre parents et enfants, souvent déplacée.

Il en résulte que les bons rapports ne résistent pas au moindre incident et se changent en luttes

46

d'autant plus pénibles qu'elles naissent des nécessités de la vie commune et qu'elles sont de
tous les instants.

Dans les Associations, chacun reste campé
sur la limite de ses droits et, l'esprit de conciliation, diminuant de plus en plus, rend les rapports plus difficiles et moins fréquents.

Dans l'Etat, les luttes, pour la conquête du pouvoir, deviennent plus âpres, et les profits de la
victoire, exploités sans scrupule, laissent aux
cœurs des vaincus des sentiments de haine qui se
traduisent par des revendications violentes, tant
qu'ils ont foi dans la revanche, ou par un mauvais vouloir obstiné lorsqu'ils en ont perdu l'espérance.

L'observation des faits démontre que cette
raréfaction et cette tension des rapports diminuent le volume des transactions, nuit à la production et ralentit le progrès national.

Je ne crois pas avoir poussé trop au noir le
tableau, que je viens d'esquisser, des signes de
décadence qui se manifestent dans notre pays.

Sans doute il subsiste des forces qui ralentis-
sent le mouvement. Il y a heureusement des
familles, des associations qui prospèrent en assez

grand nombre pour opposer encore une digue efficace à un progrès trop rapide de la décadence, mais il n'est que trop certain que cette digue s'effrite de jour en jour et, si le courant, qui continue à la battre en brèche n'est point arrêté, il finira par l'emporter et, avec elle, la fortune et la prospérité de la France.

Dans tous les cas, sous sa poussée, les ruines s'accumulent et, sans vouloir les mentionner toutes, il suffira de rappeler les principales.

La natalité diminue. C'est un fait incontestable et il est assez amplement démontré par les statistiques, prouvé par la science, constaté par le recrutement pour qu'il soit nécessaire d'insister.

C'est un des signes les plus graves de la décadence, car, en s'affirmant, il constitue un vrai danger national par la diminution de la force défensive de la France.

On comprend donc le cri d'alarme poussé par tous ceux que préoccupent l'indépendance de la patrie, à quelque parti politique qu'ils appartiennent.

Au milieu du XVIIIe siècle, la France était, après l'Empire d'Allemagne, le pays le plus peuplé de l'Europe et, par sa cohésion et son homogénéité, ses richesses, sa fécondité, il en était incontestablement le plus puissant.

Aujourd'hui, elle se maintient péniblement au troisième rang, après la Russie et l'Allemagne, et, si la natalité continue à suivre le même mouvement, elle ne tardera pas à être distancée par l'Autriche, l'Angleterre et même l'Italie, alors que, par son étendue, sa position géographique et la fertilité générale de son sol, elle aurait dû et pu se maintenir au second rang.

Avec la stérilité systématique apparait l'abâtardissement de la race.

La seule recherche du plaisir, dans l'union des sexes, engendre l'abus et de cet abus, chez l'homme, une diminution des forces et, chez la femme, une aptitude moins grande à la fécondation et à la gestation.

L'enfant nait ainsi moins vigoureux et moins bien constitué.

Sa croissance, son adolescence ne sont plus normales. La taille diminue en même temps que la résistance physique.

Tous ces résultats ne sont que trop certains et, tous les ans, les Conseils de revision nous en donnent le triste spectacle, en même temps que les circulaires ministérielles, sur l'abaissement de la taille dans l'armée, en fournissent la preuve irrécusable.

Non-seulement cet abâtardissement de la race s'ajoute à la diminution de la natalité pour aggraver le danger, mais encore il contribue, avec elle, dans une mesure de plus en plus grande, à diminuer la production nationale.

C'est ainsi que l'on voit tous les métiers pénibles ou qui demandent, avec l'énergie, une certaine force ou endurance physique, de plus en plus délaissés par les Français.

Cela s'observe surtout sur les frontières, où l'on voit les Belges, les Allemands, les Italiens, les Espagnols envahir peu à peu notre pays et s'y rendre indispensables par l'exercice de ces métiers que notre race dédaigne, parce qu'elle n'a plus la vigueur physique et l'énergie morale pour les exercer.

Le désordre dans les idées, dans les opinions, résultat de la diminution des richesses morales, s'accroît de jour en jour.

Dans les chaumières, dans les ateliers, aussi bien que dans les salons, il y a presque autant d'opinion que d'individus, on discute sur des difficultés byzantines, on anathématise son voisin et l'union n'est possible sur aucun terrain, faute de notions générales sur lesquelles on puisse se mettre d'accord.

C'est ainsi que l'idée religieuse est discutée et que l'on ne peut s'entendre, ni sur elle, ni au point de vue politique sur une forme de gouvernement.

Si l'on joint à cela les révoltes, les insoumissions, les critiques qu'engendrent la diminution du principe d'autorité, on ne peut méconnaître l'existence évidente d'un signe de décadence.

A ce signe s'ajoute celui que dénote l'augmentation des cas de folie, de neurasthénie et la marée sans cesse montante de la criminalité dans des proportions telles qu'elle fait pousser un cri d'alarme à tous ceux qui ont quelque souci, non pas seulement de l'ordre moral, mais simplement de l'ordre matériel.

L'armée, matériellement affaiblie par la diminution de la natalité et l'abâtardissement de la race, l'a été bien plus encore, moralement, par le Dreyfusisme, l'Hervéisme, le régime des fiches.

Autrefois, l'une des premières armées du

monde, pour ne pas dire la première, par le respect de la discipline, l'amour du drapeau, l'esprit de dévouement et d'abnégation, elle déchoit peu à peu de ce rang et voit, tous les jours, diminuer la foi que la nation avait dans sa force de résistance et sa solidité devant l'ennemi.

Elle peut avoir en main les engins les plus perfectionnés, il seront inutiles si elle ne veut pas s'en servir jusqu'au sacrifice de la vie, et l'histoire démontre que ce ne sont pas les peuples les mieux outillés qui triomphent, mais ceux dont les forces physiques et surtout morales sont les plus grandes.

Quant à notre marine, tout le monde est d'accord pour reconnaître qu'à tous les points de vue elle est en pleine décadence. Du second rang, elle a passé au quatrième et, si les mêmes errements continuent, elle ne tardera pas à n'être que l'ombre et le souvenir d'un passé glorieux.

Ainsi, à ce point de vue, non seulement la force défensive de la France considérée en elle-même a diminué, mais, si on la compare à celle des nations voisines, qui s'est maintenue ou même accrue, elle constitue un danger qui préoccupe au plus haut point ceux qui ont au cœur l'amour de la patrie et qui comprennent tout ce que ce mot renferme de traditions chères et d'inappréciables libertés.

Les partisans du régime actuel essaient de nous rassurer en soutenant qu'avec le progrès, les peuples se rapprochent et que leurs intérêts se mêlent de telle façon que les guerres deviendront bientôt impossibles et les armées inutiles.

Je crois qu'ils s'abusent étrangement et qu'ils ferment volontairement les yeux pour ne pas lire les enseignements de l'histoire, ou se bouchent les oreilles pour ne pas entendre les rumeurs qui s'élèvent autour d'eux.

D'ailleurs, tant que les hommes seront la proie de leurs passions, l'intérêt, l'amour-propre, l'envie, à un moment donné, rompront toutes les entraves et la lutte brutale solutionnera seule les conflits.

On se fait donc d'étranges illusions ! Malheur aux peuples qui, ayant la faiblesse, ou pour mieux dire la lâcheté de s'y abandonner, oublient cet axiome de la sagesse des nations : *Si vis pacem para bellum* et négligent de se mettre en mesure de résister efficacement à d'injustes agressions !

Le monde officiel, s'appuyant sur les statistiques qui dénotent un accroissement régulier de notre industrie et de notre commerce, soutient qu'à ce point de vue, capital maintenant, nous marchons dans la voie du progrès.

Il faut s'entendre. Sans doute, nous fabriquons et nous vendons chaque année davantage, parce que les besoins se multiplient et que de nouveaux débouchés se créent, mais pour que le progrès soit réel, il faut voir si les nations voisines ne marchent pas plus vite que nous, car, si cela est, elles finiront par étouffer notre industrie et notre commerce en les supplantant partout.

Or, peut-on nier que ce ne soit ce qui se produit actuellement ?

L'industrie et le commerce des Etats-Unis ont sextuplé, ceux de l'Allemagne ont quadruplé, ceux de l'Angleterre ont augmenté d'un tiers, pour ne parler que de nos principaux concurrents, pendant que les nôtres augmentaient d'un cinquième seulement. Si cette proportion se maintient, dans une vingtaine d'années, et peut-être avant, c'en sera fait de l'industrie et du commerce français !

Si donc, en se plaçant à ce point de vue, qui

est le vrai, nous ne sommes pas encore en décadence, nous ne tarderons pas à y entrer.

Que dirons-nous de la famille française, véritable unité sociale, base essentielle de notre
nationalité ?

Après le tableau que nous en avons tracé,
niera-t-on qu'elle soit en pleine dissolution dans
toutes les classes de la Société ?

Quelle autorité peut conserver un père qui ne
s'occupe que de ses plaisirs ou de ses intérêts
matériels, une épouse qui ne conserve sa place
que parce qu'elle sert la vanité de son mari ou
ses instincts lubriques et qui vit sous la menace
d'un divorce toujours possible.

Quelle éducation peuvent recevoir des enfants
dont les parents, toujours hors du logis, ne s'oc-
cupent d'eux que pour pervertir, quelquefois, ce
qui peut leur rester de bons instincts.

Que deviennent les vieux parents en présence
d'un foyer déserté, où ils ne peuvent trouver ni
les soins ni le respect dû à leur âge.

Il ne faut pas se faire d'illusions, si ces agissements continuent, c'est la décadence complète et
la dissolution finale de la famille à brève échéance.

Sous l'impulsion des mêmes causes, la vie

sociale se retire peu à peu des extrémités pour ne subsister que dans les centres.

Les campagnes sont de plus en plus abandonnées pour les villes, où l'existence n'est guère plus chère, mais où les plaisirs et la satisfaction des besoins matériels abondent.

Autrefois, les plus petites villes avaient une vie locale intense. On s'y intéressait à l'histoire, aux traditions, aux incidents locaux. La plupart même avaient des sociétés artistiques, scientifiques, littéraires ou agricoles, dans lesquelles se discutaient et s'élucidaient toutes les questions qui pouvaient intéresser la région.

Aujourd'hui, tout est mort ; on se désintéresse des questions locales. Les fonctionnaires n'arrivent qu'avec la pensée de rester le moins longtemps possible. Ils sont craints à cause du mal qu'ils peuvent faire, mais ils ne sont ni respectés ni aimés. Aussi leur influence est-elle nulle.

Le mot d'ordre vient des centres et surtout de Paris. Tant pis s'il est subversif. Il n'y a plus de remparts locaux pour arrêter ses ravages.

Cette centralisation à outrance de toutes les forces vives de la nation est si peu un progrès que tous les partis protestent contre elle. Mais, si tout se passe en protestations sur ce point, c'est que celui qui est au pouvoir, profitant de cette situation, se garde bien de la modifier.

N'est-ce pas là encore une décadence ? Le Gouvernement qui nous régit réalise-t-il au moins un progrès sur ceux qui l'ont précédé ?

L'examen ne sera pas long à faire pour en juger.

Entre ses mains, le régime parlementaire, qui, honnêtement pratiqué, peut avoir du bon, est tombé dans un tel discrédit qu'il est devenu un objet de dégoût pour nous et de risée pour les autres.

Il ne se passe pas d'année où un scandale financier, politique, moral n'éclate, éclaboussant plus ou moins les membres du Gouvernement et discréditant par avance ceux qui aspirent à leur succéder.

Nos échecs diplomatiques ne se comptent plus et les rares succès ont été obtenus, presque toujours, aux dépens de nos intérêts, moraux ou matériels, présents ou futurs.

Je ne parle pas de la gestion de la fortune de la France. Elle est telle que, si un particulier s'était comporté de même, sa famille aurait demandé son interdiction.

En effet, le budget a passé, depuis l'établissement du régime actuel, de 1.500.000.000 à plus de quatre milliards, sans évènements justifiant un pareil accroissement de dépenses.

Sauf les charges de la guerre de 1870, il est dû en entier aux dilapidations, aux dépenses improductives, aux maladresses, pour ne pas dire aux malversations. Il commence à peser lourdement. L'impôt sur le revenu, en préparant la confiscation de la propriété particulière au profit de la collectivité, achèvera la ruine avec l'exode des capitaux.

Au point de vue social, les agissements gouvernementaux sont essentiellement louches.

Tout en proclamant bien haut la liberté des cultes, ils font peser, hypocritement, sur la religion catholique la plus odieuse persécution.

Ils ont désorganisé la famille par une législation qui semble avoir pris à tâche de faciliter, par tous les moyens, la rupture du lien conjugal et de le ravaler au rang d'un contrat ordinaire.

Ils énervent le principe d'autorité par des amnisties réitérées, des remises de peine injustifiées, par une recherche trop molle des délits et une insuffisante répression.

Ils contribuent à troubler l'industrie et le commerce, non seulement en ne réprimant pas, mais en favorisant quelquefois des grèves qui n'ont qu'un caractère purement politique.

L'Administration, qui devrait être équitable pour tous, agit avec une partialité telle que l'on n'est plus assuré d'obtenir gain de cause dans les causes les plus justes, si on a cessé d'être son partisan.

Elle fausse les élections par une candidature officielle éhontée, gouverne avec une majorité qui n'est qu'apparente et par des procédés qui révolteraient s'ils étaient employés par un particulier dans une association quelconque.

De cet ensemble résulte, dans la nation, un trouble moral, des désordres matériels qui vont grandissant, jusqu'au moment où l'opinion publique, exaspérée, à bout de patience, provoquera l'explosion finale.

Ne s'en dégage-t-il pas aussi une impression de décadence ?

La France est donc engagée sur la pente fatale et, si elle veut ne pas choir au fond de l'abîme, il n'est que temps pour elle de s'arrêter et de remonter. Le peut-elle ?

Oui et, sans aller chercher des exemples au loin, sa propre histoire le prouve. En aura-t-elle la volonté et le courage ? C'est une autre question.

Si nous sommes trop enlisés dans les jouissances matérielles, trop aveulis par le bien-être et le luxe pour regarder le péril en face, pour chercher et employer avec énergie les moyens de le conjurer, c'est, dans un temps donné, la fin de la France et sa disparition de la liste des Nations.

Espérons que non. Depuis l'ère chrétienne, Dieu a fait les peuples guérissables et leur en a donné les moyens. Recherchons-les et, pour bien discerner ceux qui nous sont utiles, étudions d'abord les causes de notre décadence.

DEUXIÈME PARTIE

CAUSES DE LA DÉCADENCE

PREMIÈRE CAUSE

Mauvaise éducation de la jeunesse.

—

La première cause de notre décadence morale vient de la mauvaise éducation que l'on donne à la jeunesse.

Dans l'enseignement supérieur et secondaire, plus d'études philosophiques, plus d'études morales et religieuses pour former son jugement, sa conscience, sa volonté. A peine quelques éléments d'une logique suffisante pour lui apprendre à raisonner tout aussi mal que bien.

Leurs études terminées, les jeunes gens des classes aisées ont la bride sur le cou, sans que rien les prémunisse contre l'appel des passions,

les sollicitations du luxe et des jouissances matérielles qui les enveloppent de toutes parts. On ne
leur a pas appris à se défendre, comment pour-
raient-ils résister ?

C'est bien pire encore dans l'enseignement
primaire.

Sous le couvert d'une neutralité impossible à
garder, on élève les enfants du peuple, non
seulement dans l'ignorance ou le mépris de toute
religion révélée, mais encore dans la négation de
l'existence du Dieu du christianisme et même de
tout Être supérieur présidant aux destinées du
monde.

Pour affirmer la solidarité de tous les hommes,
on leur apprend que le culte de la patrie est une
idée fausse qui doit être remplacée par la fraternité
universelle.

Est-il étonnant, dès lors, qu'il se forme des
générations sans défense contre toutes les lâche-
tés que soulèvent la sensualité jointe à l'orgueil
et ne sont plus guidés que par la soif de satisfaire les appétits de la brute humaine déchaî-
née ?

C'est ainsi que les notions morales et religieuses, avec les vertus qu'elles engendrent, vérita-

bles remparts de l'édifice social, se perdent peu à peu dans toutes les classes de la nation.

Le développement de l'égoïsme individuel en est la seconde cause.

Sous la poussée de besoins à satisfaire, besoins souvent inutiles ou illégitimes, on oublie trop facilement que d'autres souffrent et meurent de ne pouvoir satisfaire, quelquefois, ceux qui sont indispensables.

L'égoïsme étouffe les idées de devoir, de sacrifice et de renoncement qui sont une des sources les plus nécessaires de la prospérité des peuples et l'assurent d'autant plus qu'elles sont mieux pratiquées.

La foi religieuse, qu'on s'efforce d'étouffer de toutes manières, ne vient plus, par la pensée et les sanctions d'une vie future, élargir les horizons où se meut la pensée humaine et l'obliger à se renfermer dans les limites du devoir.

L'action d'une science, trop souvent incomplète et trompeuse, par laquelle on essaie de la remplacer, tout en ne dissipant point ses doutes, comprime ses élans vers l'idéal et la ramène, brutalement, à ses intérêts matériels, comme seuls dignes de ses préoccupations.

Les récompenses qu'on offre au sacrifice, au renoncement, au devoir accompli, se bornant souvent à des honneurs posthumes, ne sont plus suffisantes pour les faire pratiquer.

Le raisonnement ne tarde pas à démontrer qu'elles ne valent pas la peine de sacrifier le bonheur présent et, l'égoïsme aidant, les actes de philanthropie, d'altruisme, de solidarité ne s'accomplissent qu'autant qu'ils offrent des satisfactions sans coûter grande peine.

La multiplicité et la cordialité des relations sociales en souffrent forcément.

Une troisième cause de notre décadence morale se trouve dans la manie de fonctionnarisme, qu'on me pardonne l'expression, qui envahit de plus en plus toutes les classes.

Chaque famille, à quelque milieu qu'elle appartienne, cherche à faire de ses enfants des salariés de l'État ou des grandes industries.

Dans leur aveugle et imprévoyante tendresse, elles assurent leur avenir. Mais quel avenir ? Pour beaucoup, une position médiocre, sans horizons nouveaux, sans incidents qui viennent exciter l'énergie, développer les facultés, affermir la volonté.

Pour l'immense majorité, une gêne continuelle, d'autant plus dure à supporter qu'un décorum extérieur doit être observé.

Le tout aboutit à l'engourdissement des facultés intellectuelles, qui ne sont plus mises en jeu, à l'étiolement de la race et, trop souvent, hélas ! à la stérilité systématique.

Croit-on que j'exagère ? Il suffit de parcourir les journaux et les quelques statistiques, qui se sont préoccupés de la question, pour voir que je reste au-dessous de la vérité.

Voici d'ailleurs quelques faits :

A la Préfecture de la Seine, il y a 35,000 demandes pour le poste de cantonnier ; 7,000 pour celui de garçon de bureau ; 5,000 pour celui de concierge d'écoles.

Au Métropolitain, 3,000 candidats pour 50 places. Dans l'enseignement primaire, 7,000 demandes pour 193 places. Dans les Postes et Télégraphes, 5,000 demandes pour 200 places.

A la Banque de France, 6,000 demandes pour 25 postes par an. A Paris, près de 20,000 jeunes filles attendent un emploi officiel.

En 1845, la France avait 188,000 fonctionnaires ; en 1908, elle en a 913,197.

Ces fonctionnaires sont, de tous les Français, ceux qui ont le moins d'enfants. Sur 3,472 instituteurs : 549 sont célibataires, 817 sans enfants, 959 avec un seul enfant. Sur 1,000 douaniers : 207 sont célibataires, 198 sans enfants, 271 avec un enfant.

Sur 7,000 ménages d'employés ou d'ouvriers parisiens, on compte, par 100 ménages, 221 enfants chez les employés, 260 chez les ouvriers. Dans les Postes et Télégraphes, 60 enfants pour 100 fonctionnaires.

N'est-ce pas navrant? et peut-on nier que le fonctionnarisme ne soit un facteur effrayant de décadence morale et physique ?

Enfin, une autre cause de décadence morale, toute récente, mais qui tend malheureusement à se répandre de plus en plus, est ce qu'on a appelé l'Hervéisme.

Sous la poussée de l'égoïsme, de la paresse et de l'instinct de conservation, il s'est formé une théorie dans laquelle on accepte trop facilement que la guerre de peuple à peuple est désormais impossible, que l'idée de patrie n'a plus sa raison d'être et que, par conséquent, il est inutile de sacrifier sa jeunesse, son temps et son argent à préparer des luttes fratricides.

Outre que cette théorie constitue, nous l'avons montré, un véritable danger national, il est certain qu'elle tend à ralentir l'effort, à diminuer l'esprit de sacrifice.

Elle implique ainsi une double lâcheté, et il est triste de penser qu'elle ait pu faire d'aussi rapides progrès dans un pays comme la France, autrefois réputé pour son esprit de courage et de dévouement.

DEUXIÈME CAUSE

Défaut d'études philosophiques.

———

La principale cause de notre décadence intellectuelle se trouve dans le défaut d'études philosophiques.

On ne connaît plus les limites du bien et du mal, du vice et de la vertu.

On ne cherche que le succès et, si on croit le trouver en faisant appel aux pires passions, en surexcitant les plus bas instincts, on n'hésite pas devant les descriptions les plus scabreuses ou l'exécution de peintures ou d'objets d'art les plus réalistes.

La vie hâtive, que tout le monde mène, rend

difficile toute étude sérieuse et la plupart des œuvres contemporaines, toutes d'actualité, n'ont qu'une valeur passagère.

L'esprit de nouveauté emporte tout le monde. Il faut le satisfaire à tout prix et profiter de la mode récemment inaugurée, pour en tirer, tant qu'elle dure et quelle qu'elle soit, tout le parti possible.

Les formes de l'instruction actuelle ne favorisent que trop cette tendance.

On fait surtout appel à la mémoire, pas assez au raisonnement, et souvent les auteurs, à quelque genre qu'ils appartiennent, ont de la peine à discerner si leur œuvre est bonne et si elle ne bat pas en brèche de sérieuses croyances ou de respectables traditions.

TROISIÈME CAUSE

Décadence physique.

Les causes de notre décadence physique sont multiples.

Les principales sont la recherche du seul plaisir dans l'union des sexes, la satisfaction des instincts de paresse et de trop grand bien-être physique, l'alcoolisme, pour ne citer que les causes actives qui dépendent de la volonté.

La conservation de l'espèce humaine est assurée par la sensation voluptueuse, fugitive il est vrai, mais très vive, que procure la conjonction des sexes. Cette sensation n'est pas le but, mais seulement le moyen qui assure cette conjonction nécessaire pour la procréation.

Les animaux, qui la ressentent aussi, ne se rapprochent jamais pour le seul plaisir, mais toujours pour la reproduction de l'espèce.

C'est le triste privilège de l'homme d'abuser ainsi de sa liberté, de violer une loi évidente en transformant en but, ce qui ne devrait jamais être qu'un moyen. L'usage d'ailleurs ne tarde pas à dégénérer en abus et produit toutes les conséquences signalées plus haut.

A cette cause s'ajoutent l'oisiveté et l'abus du bien-être.

Sans doute le repos est nécessaire, mais il ne l'est que pour réparer les forces entamées par l'effort que nécessite le travail.

Toutes les fois que, ses forces réparées, l'homme continue à rester oisif, il viole une loi de sa nature faite pour le travail et détruit, à son préjudice, l'équilibre qui constitue la bonne santé.

Il en est de même et, à plus forte raison, lorsqu'à l'oisiveté se joignent toutes les recherches du bien-être et des jouissances matérielles.

Le résultat ne se fait pas attendre et les mala-dies, qui sont le cortège de toutes ces défaillances de la volonté, ne tardent pas à apparaître et à aider à la dégénérescence de la race.

Or, qui peut nier qu'en France ce besoin d'oisiveté, cette recherche du bien-être et des jouissances matérielles n'aient fait, depuis le milieu du siècle dernier, des progrès considérables.

Le travail n'est plus regardé comme une loi à laquelle on doit obéir toute sa vie, dans la mesure de ses forces, mais comme un moyen de se procurer le bien-être et les jouissances auxquels on aspire avant tout.

Dès qu'il a permis d'amasser la fortune nécessaire, on le rejette comme un outil inutile et on s'élance, à corps perdu, dans ce bien-être et ces jouissances qui, jamais complètement satisfaits, ne font qu'irriter les désirs inassouvis.

L'énervement que cause une pareille poursuite finit, en s'étendant à toutes les classes, par produire de fâcheux effets pour la santé générale.

L'alcoolisme est peut-être moins répandu, mais on peut dire qu'il devient de plus en plus le fléau des classes pauvres, dont il détruit les forces, la santé, les facultés reproductrices.

Ses progrès sont si considérables qu'ils ont

ému l'opinion publique. Mais c'est en vain qu'on fera connaître les tristes conséquences de ce fléau et qu'on indiquera les remèdes, tant qu'au moral, on ne fortifiera pas la volonté de l'homme, pour le mettre en état de résister à l'entraînement et qu'au physique, on ne le placera pas dans des conditions au moins suffisantes pour aider efficacement cette volonté.

Or, le gouvernement actuel ne peut rien faire pour procurer cet aide, bien au contraire. Les profits qu'il tire de l'alcool lui sont indispensables pour boucher les trous de plus en plus nombreux de son budget et les mastroquets lui rendent de trop grands services en temps d'élections pour qu'il prenne de sérieuses mesures.

Il bluffera là-dessus comme sur le reste et, pour sauver les apparences et calmer l'opinion publique, il édictera des lois, excellentes en théorie, mais qui, en pratique, seront inapplicables, surtout inappliquées et pendant ce temps l'alcoolisme continuera sa marche envahissante et contribuera, avec les autres causes, à l'affaiblissement moral, physique et numérique de la race Française.

QUATRIÈME CAUSE

Diminution des forces productives.

———

Sans doute nos richesses matérielles, par suite d'inventions, qui ont permis de centupler la production, s'accroissent, mais, ainsi que nous l'avons constaté, celles des peuples voisins, augmentant dans une mesure plus considérable, il en résulte que nous sommes, relativement au moins, en décadence.

Les causes en sont dues à une conception vicieuse du travail, à la diminution du principe d'autorité, à la lutte des classes et à l'égoïsme individuel.

Nous venons de voir quelle conception fausse on se fait généralement de la loi du travail.

Elle ne détruit pas seulement la santé physique, elle nuit encore à la production.

En effet, dès que la fortune rêvée est atteinte, les chefs d'industrie liquident ou passent la main à d'autres.

La liquidation nuit d'autant plus à la production que la maison, dirigée habilement par son chef qui voulait rapidement s'enrichir, rendait davantage.

La remise en d'autres mains est peut-être moins nuisible, mais elle marque toujours un arrêt et souvent une diminution dans la production, parce que les successeurs perdent du temps pour se mettre au courant et n'ont quelquefois ni l'énergie, ni la compétence de celui qu'ils remplacent.

La diminution du principe d'autorité est une cause, plus active encore, de la diminution de la production.

Que l'exploitation soit agricole, industrielle ou commerciale, il est facile de comprendre que les meilleures combinaisons ne peuvent avoir un résultat utile et fécond que si le chef, qui les a conçues, est obéi dans les mesures qu'il prend pour les faire exécuter.

Ce résultat sera aussi complet et abondant que possible, si ses ordres sont scrupuleusement suivis, il diminuera dans la mesure ou diminuera l'obéissance jusqu'au point où le désordre sera engendré par la désobéissance formelle.

Or, nous venons de voir que nous en sommes là, en France, à l'heure actuelle.

Si on ajoute la concurrence de plus en plus active des peuples voisins, on ne peut s'étonner de voir la production nationale fléchir sous les effets combinés de ces deux causes réunies.

La lutte des classes contribue, elle aussi, dans une large mesure à cette diminution de la richesse matérielle.

Au lieu d'un travail fécond, dû aux efforts concertés de tous, la nation s'épuise dans des luttes stériles que la misère et les sentiments de haine qu'elle développe rendent tous les jours plus âpres et plus désastreuses dans leurs résultats.

Cette situation empire encore actuellement par l'abus du syndicalisme.

La loi de 1884 qui, dans la pensée de ses auteurs, devait être pour la classe ouvrière un moyen de faire écouter ses justes revendications est devenue, dans les mains de la Confédération générale du Travail, une arme d'attaque et de combat.

Partout elle organise ou s'annexe des syndicats dont le but est bien moins de défendre les intérêts professionnels de leurs membres que de ruiner les patrons, d'anéantir le capital et de chambarder l'état de choses actuel.

Elle ne recule pas devant les moyens les plus violents, tels que la grève injustifiée, le sabotage, l'action directe et lance, contre la Société, toutes les forces que groupent l'ignorance, la misère et la haine.

Les patrons, de leur côté, forment des syndicats qui les unissent pour la défense de leurs intérêts plus encore que de leurs droits.

La lutte, mieux préparée, prend ainsi une ampleur plus grande, mais en même temps l'industrie, le commerce succombent sous les ruines qui s'accumulent et plus profond, chaque jour, se creuse le fossé qui sépare ceux que le simple bon sens et leurs intérêts les plus évidents devraient réunir.

Enfin, les progrès de l'égoïsme individuel viennent achever le désastre.

Chacun, sans souci des droits de son voisin et du bien général du pays, cherche à tirer son épingle du jeu et ne se fait aucun scrupule d'édifier sa fortune sur la ruine des autres.

Une observation quelque peu attentive des faits démontre que ces causes ont engendré la décadence dont nous sommes les témoins attristés.

Si l'on n'y prend garde et si on les laisse subsister et agir, elles ne tarderont pas à tarir entièrement les sources de production et à faire succéder, à la richesse matérielle, la misère et la ruine.

CINQUIÈME CAUSE

Décadence de la famille.

Les causes principales de la décadence de la famille sont : le divorce, la soif du bien-être et des jouissances matérielles, l'oubli du but pour lequel a été organisé le rapprochement des sexes, le féminisme et la contrainte de lois contraires à son bon fonctionnement.

Tant que le divorce a été prohibé en France, son obtention a été le but d'une campagne de presse, de publicité, de conférences, où la passion antireligieuse se mêlait à des dissertations sentimentales plus ou moins bien appuyées d'arguments scientifiques.

Pourquoi, en effet, disait-on, laisser rivés à la même chaîne deux êtres que leur éducation, leur caractère, leurs vices mêmes séparent absolument ? Pourquoi briser ainsi leur avenir, annihiler leur énergie, priver même le pays de services qu'ils pourraient rendre ?

Pourquoi ne pas leur permettre de divorcer lorsque leur religion ne le défend pas ? N'est-ce pas faire preuve d'une intolérance absurde ?

Ces réclamations ont fini par avoir gain de cause et le divorce a été autorisé.

Les résultats ne se sont pas fait attendre et ils ont été ce que laissaient prévoir la logique et l'expérience.

Il a, peu à peu, brisé toutes les barrières qu'on avait élevées pour le moraliser et ne le faire prononcer que dans les cas vraiment nécessaires. On en est arrivé, de concessions en concessions, à l'autoriser pour simple incompatibilité de caractère et à considérer le mariage, qui fonde la famille, à laquelle la stabilité et la durée sont indispensables, comme un contrat ordinaire, susceptible de limitation dans sa durée et de révocation.

Dans ces conditions, la famille se désagrège.

La permanence du foyer, nécessaire à l'éducation des enfants, n'existe plus. Leur existence devient une gêne et une charge sans profits.

On les supprime ou on les abandonne.

L'union se noue ou se dénoue au gré du caprice de chaque conjoint et, lentement, la famille humaine aboutit à un état pire que celui de la famille animale, qui n'a jamais failli à la double mission d'assurer la conservation de l'individu et la reproduction de l'espèce.

Le divorce est donc incontestablement une cause de décadence et, avec sa tendance à devenir toujours plus fréquent, il l'active chaque jour davantage.

Si un de ses principaux résultats est de porter atteinte à la fécondité de la famille, la soif immodérée du bien-être et des jouissances matérielles aide dans une large mesure à le réaliser.

Les époux, qui ne sont unis que par le plaisir ou l'intérêt, trouvent bientôt que les enfants sont une source de dépenses qui les prive du confortable rêvé, une charge qui les retient au logis et les empêche de prendre leur part des réjouissances extérieures. La conséquence, c'est la stérilité voulue, qui est tout bénéfice.

Deux des autres causes mentionnées ci-dessus viennent encore contribuer à propager et à rendre plus fréquente cette stérilité volontaire. Ce sont le féminisme et l'action de la loi.

En ce qui concerne le féminisme, il faut s'entendre. Tout n'est pas mauvais.

Celui qui a pour but de développer normalement les qualités physiques et morales de la femme, pour la mettre à même de mieux remplir son rôle dans la famille, celui qui lui donne les moyens d'y maintenir le rang qu'elle doit occuper et le respect de sa dignité, méritent d'être pratiqués et encouragés.

Mais celui qui, la déplaçant du milieu et des occupations qui doivent rester les siens, veut la rendre apte à des exercices et des professions que la nature et la conformation physique semblent avoir réservés à l'homme, est mauvais. Il aboutit, la plupart du temps, à la stérilité involontaire quelquefois, mais, le plus souvent, voulue.

La femme, en effet, qui pratique les sports violents ou que l'on condamne à des travaux matériels, qui demandent de la force, reste souvent stérile.

Et comment celle qui exerce les professions

libérales aura-t-elle le temps, lorsque tous ses instants seront absorbés, d'avoir des enfants, de les élever et de s'occuper de son ménage?

Qui ne voit qu'un pareil féminisme, trop à la mode de nos jours, conduit, lui aussi, à la décadence de la famille.

La loi successorale n'a pas été non plus une des moindres causes de la diminution de la natalité.

En imposant le partage égal et forcé de chaque nature de biens et en limitant trop la quotité disponible, elle a rendu impossible le maintien, dans une famille nombreuse, du domaine rural ou de l'atelier dont les ressources ont suffi à l'éducation des enfants, à l'assistance des vieillards et à l'entretien de tous.

Pour pouvoir conserver ce domaine, cet atelier, constitué par leur travail, les époux ne voient d'autre moyen que de restreindre le nombre de leurs enfants et, s'ils ne sont retenus par aucun frein religieux, ils ne procréent qu'un enfant, lequel, tout en coûtant moins et en imposant moins de sacrifices, suffit pour continuer la famille et conserver les biens.

Ce rapide aperçu des causes de décadence de

la famille, dûes à la légalité, fait voir quelles précautions doit prendre le législateur pour assurer le libre et complet fonctionnement d'un organisme indispensable à la prospérité nationale.

SIXIÈME CAUSE

Action du Gouvernement.

———

Les agissements du gouvernement ne sont point sans influence sur les destinées d'une nation et il est difficile de nier que ceux du parti, actuellement maître du pouvoir, entrent pour une large part dans les causes de notre décadence.

Pour peu qu'on examine la marche du gouvernement, on se rend très bien compte qu'il fonctionne sous l'empire d'un double mobile. Le premier, d'obéir aux ordres de la Franc-Maçonnerie, dont le plan est de déchristianiser la France pour mieux l'asservir ; le second, de se perpétuer le plus longtemps possible au pouvoir, sans souci de l'intérêt général.

Il ne se préoccupe que des siens et de ceux des individualités qui le soutiennent. Tous les moyens lui sont bons pour cela et il traite la France en pays conquis.

Pourvu qu'il puisse satisfaire ses appétits et ceux de ses créatures, il n'a cure de l'avenir et ne se tire, que par des expédients, des difficultés de l'heure présente.

Les lois qu'il édicte porte l'empreinte de cet état d'esprit. Les unes sont des instruments de haine et d'oppression, dont se sert la Franc-Maçonnerie pour détruire, peu à peu, les libertés qui la gênent. Les autres, votées au hasard de l'intérêt immédiat, sans préocupation des incidences dans le passé ou l'avenir, sans savoir si elles correspondent à un véritable intérêt général, jettent le trouble dans les milieux auxquels elles doivent s'appliquer, ou deviennent bientôt inutiles et tombent en désuétude en même temps que disparaît l'intérêt passager qui les a fait promulguer.

D'autres, enfin, sont de purs battages électoraux, sans application pratique possible et qui ne voient le jour que pour servir de tremplin aux députés en quête de renouvellement de mandat.

Dans la première catégorie, on peut classer toutes les lois édictées contre l'Eglise catholique.

Dans la seconde, celles qu'a fait éclore l'affaire Dreyfus.

La troisième comprend toutes celles qui, en apparence, ont pour but d'améliorer la situation de la classe ouvrière ou de répartir plus justement les charges sociales, ou qui puisent une apparence de raison dans un humanitarisme outré, telles que la loi qui a fait verser dans l'armée les condamnés de droit commun et celles qui énervent la répression par une indulgence trop grande.

Mal préparées, insuffisamment étudiées par des gens sans compétence et hâtivement votées par des majorités de hasard, composées de bulletins et non de votes effectifs, toutes ces lois violentent les consciences, entravent les transactions, désorganisent la famille, effraient les capitaux et, jetant ainsi le trouble dans tous les millieux, énervent les forces vives de la France, diminuent sa force défensive, sa richesse, l'union des classes et contribuent, dans une large mesure, à la décadence.

Le gaspillage éhonté des deniers publics, que révèlent les déficits sans cesse croissants du budget et les scandales qui éclatent de temps à autre, quelque soin que prenne le gouvernement pour les étouffer, activent de deux façons notre marche décadente.

En premier lieu, ils donnent des exemples et des habitudes de désordre et d'improbité dans la gestion des fonds publics. Journellement, on les détourne de leur destination pour les employer soit à des dépenses inutiles ou improductives, soit, même tout simplement, à des convenances particulières.

En second lieu, ils épuisent les réserves du pays et le rendent incapable de faire les dépenses nécessaires pour assurer l'indépendance et la vie nationale.

La distribution des places, des faveurs, des récompenses, faite exclusivement aux partisans du régime actuel, sans se préoccuper de leur mérite, de leurs aptitudes ou des droits acquis par d'autres, décourage toutes les bonnes volontés, en même temps qu'elle contribue à la décadence, en mettant entre des mains, souvent indignes ou incapables, la gestion des affaires et des intérêts du pays.

La persécution hypocrite que l'on fait peser sur tout ce qui, de près ou de loin, touche à la Religion catholique, violente les consciences, étrangle la liberté, détruit les notions morales et contribue, ainsi, de son côté, à entretenir l'état de malaise dans lequel nous nous débattons.

Qui ne voit, par ce rapide exposé, quelle large part de responsabilité assument ceux qui nous gouvernent dans la désorganisation nationale.

SEPTIÈME CAUSE

Le Suffrage universel.

Le suffrage universel, tel qu'il est pratiqué, en
est une cause non moins active.

Il repose sur une idée juste en théorie, mais
qui devient injuste et surtout désastreuse par la
façon dont on l'applique.

Si tous ceux qui votent étaient également ins-
truits et compétents, si tous avaient des intérêts
moraux, intellectuels et matériels semblables à
défendre, il serait juste que tous aient un droit
égal et puissent librement voter pour le candidat
de leur choix.

Mais cette situation théorique ne se présente

jamais dans la pratique et, comme le nombre des ignorants, des illettrés, des pauvres, est de beaucoup le plus considérable, il en résulte, ou que leurs votes, presque toujours passionnés et incohérents, créent une majorité de hasard et sans consistance, ou que, séduits et trompés, ils en font une au profit de meneurs, qui, incertains de l'avenir, se hâtent d'en recueillir les bénéfices immédiats.

C'est ce que nous voyons de plus en plus se produire et, comme ce ne sont pas les meilleurs candidats qui triomphent, mais ceux qui savent le mieux flatter les instincts et les appétits de la multitude, il en résulte des majorités de plus en plus incapables.

Il faut être aveugle pour ne pas voir où mène une pareille pratique.

L'envie, la jalousie, la haine, les pires passions des uns, avec la veulerie des autres, expliquent seules le maintien du mode de votation actuel, en présence des résultats de plus en plus menaçants pour l'ordre public qu'il a donné dans le passé et qu'il donnera, certainement, dans l'avenir.

HUITIÈME CAUSE

Méconnaissance de la Loi Morale.

———

Mais il faut arriver à la cause capitale de notre décadence, à celle, on peut le dire, qui les résume toutes.

Je veux parler, non seulement de l'oubli, mais aussi du rejet de la Loi Morale par la majorité de la nation.

Le fondateur de la science sociale, l'illustre Le Play et la Société d'Economie sociale, qui a continué ses travaux, ont établi, en se basant sur une observation vraiment rigoureuse et scientifique des faits anciens et modernes, que la paix et la prospérité des peuples résultent de l'observation de règles qui sont les mêmes partout et dans tous les temps.

Ils sont arrivés ainsi à formuler cette loi fondamentale :

Les peuples qui observent ces règles prospèrent ;

Ceux qui les violent souffrent ;

Ceux qui les rejettent meurent.

Ne peut-on pas ajouter que l'expérience contemporaine continue à en démontrer, de plus en plus, la vérité.

Les plus essentielles de ces règles sont condensées dans ce que Le Play a appelé **le Décalogue Éternel de l'humanité.**

Leur ensemble constitue la loi qui a été imposée à l'homme dès son apparition sur la terre. Elle peut s'appeler la **Loi Morale,** puisqu'elle régit l'âme qui caractérise la personnalité humaine, la distingue des autres êtres et gouverne tous ses actes.

Mais, dira-t-on, qu'est-ce en définitive que cette loi qui aurait une si grande importance ? Existe-t-elle bien réellement ? Quelles sont, au juste, les règles qu'elle édicte ?

Ces questions doivent être nettement solutionnées pour qu'on puisse l'admettre et l'observer.

La réponse est facile.

On peut, tout d'abord, définir la Loi Morale : l'ensemble des préceptes qui règlent l'action de l'homme et déterminent les limites dans lesquelles peut se mouvoir sa liberté.

Les limites de la liberté ! objecte-t-on. Ce sont deux mots qui jurent d'être ensemble ! Où il y a limite, il n'y a plus de liberté et celle de l'homme ne doit pas connaître d'entraves.

Cela est vrai, peut-on dire, en puissance, mais non en réalité.

Tous les jours, l'expérience prouve que la liberté humaine se heurte à des limites qu'elle ne sait ou ne peut franchir.

L'homme est bien libre de se décider de telle ou telle manière, d'agir ou de ne pas agir, mais, dès qu'il veut réaliser sa décision, il rencontre des obstacles qui l'empêchent de le faire en tout ou en partie.

Bien plus, cette décision elle-même n'est souvent pas prise en pleine liberté, entravée qu'elle est par des préjugés ou des influences extérieures.

Ainsi, on prend le parti de faire un voyage déterminé et l'on se met en route. Une foule d'obstacles peuvent empêcher de le réaliser.

Il faut voter pour un candidat à la députation. Au lieu de s'abstenir, comme on le fait trop souvent, on veut exercer son droit, mais en faveur de qui? La décision sera-t-elle prise en toute liberté? Bien rarement. Elle sera, presque fatalement, influencée par l'éducation, les préférences politiques, les renseignements sur les candidats, les intérêts personnels et bien d'autres choses encore.

On voit donc, par ces seuls exemples, qu'il faut soigneusement distinguer la liberté en elle-même, de son exercice qui est limité.

Soit, dira quelque lecteur pointilleux, l'exercice de la liberté peut bien être entravé par les préjugés, les influences extérieures ou les obstacles matériels, mais où sont ses limites au point de vue intellectuel et moral?

On ne les voit pas et, par conséquent, l'existence de votre Loi Morale devient bien problématique, puisqu'elle laisse sans ligne de conduite les manifestations les plus importantes de la personnalité humaine. Elle devient même inutile, les lois qui règlent la matière et la vie pouvant suffire à elles seules.

L'objection serait peut-être sans réplique s'il était impossible, soit de démontrer la convenance, la nécessité même de l'existence de préceptes limitant les actes moraux ou intellectuels, soit de constater des faits qui dénotent indubitablement leur existence.

Mais cela se peut, au contraire.

La logique, en effet, conduit à admettre que la Loi Morale n'a pas été faite seulement pour régir les actes matériels de l'homme, mais bien l'ensemble de ses manifestations quelles qu'elles soient. Autrement, elle serait incomplète, nuisible même, car il s'en suivrait *un déséquilibre* des actes humains, qui nuirait à leur coordination et les rendrait incohérents.

D'autre part, pourquoi l'homme serait-il le seul être, dans la nature, dont tous les actes ne seraient pas réglés par la loi qui lui est propre, alors que la matière, les végétaux, les animaux ont, chacun, la leur qui commande à toutes leurs manifestations?

La matière n'obéit-elle pas toute entière aux

lois de gravitation, d'attraction et physico-chimiques ?

Les végétaux, non seulement à ces lois, mais, en même temps, à celles de la vie, spécialement édictées pour eux ?

Les animaux, non seulement aux lois qui régissent la matière et la vie, mais encore à celle qui règle les mouvements et les actes de la vie animale ?

On ne voit pas de raisons pour qu'il en soit différemment de l'homme.

Donc la logique et le bon sens se réunissent pour affirmer que la Loi Morale embrasse tous ses actes, aussi bien moraux et intellectuels que matériels.

Si, pour les actes matériels, l'impuissance, la stérilité ou la mort sont les sanctions certaines et visibles des limites posées à la liberté humaine, il faut reconnaître que, pour les actes moraux ou intellectuels, elles apparaissent moins vite et moins nettement, mais une observation patiente et suffisamment prolongée permet d'en constater tout aussi sûrement l'existence.

La prospérité ou la décadence des familles et des peuples, qui résulte, à plus ou moins longue échéance, de l'observation ou de la violation de la Loi Morale est là pour le prouver.

Donc, en résumé, je ne crois pas que l'on puisse sérieusement contester que la Loi Morale ne détermine les limites dans lesquelles peut se mouvoir la liberté humaine tout entière, qu'il s'agisse d'actes intellectuels et moraux, tout aussi bien que d'actes matériels.

C'est ainsi qu'au travers de toutes les légendes ou traditions de l'humanité, on peut suivre la trace de son existence et de son fonctionnement.

Au paradis terrestre de la Bible, à l'âge d'or du paganisme succèdent le travail, l'épreuve, la douleur, en punition d'une violation de la loi imposée à l'homme.

D'autres violations sont successivement punies par le déluge, la confusion des langues, la dispersion dont tous les peuples ont gardé un souvenir plus ou moins fidèle.

A mesure que l'histoire se précise, on voit les familles, les sociétés, les nations tour à tour prospérer, souffrir, disparaître, selon qu'elles observent, violent ou rejettent les préceptes de cette loi. Et, à toutes ces sanctions, s'ajoute, pour l'individu, celle qu'il trouvera dans une vie future, selon les traditions constantes de l'ensemble de l'humanité.

L'existence et le fonctionnement de la Loi Morale, en théorie et en fait, sont donc certains.

Quels préceptes édicte-t-elle?

Ils sont simples et clairs et on peut les ramener à neuf principaux :

Le premier a pour but d'obliger l'homme au respect, à l'obéissance, aux hommages qu'il doit à son Créateur. (Premier, deuxième et troisième commandements du Décalogue.)

S'il a été réellement créé, rien n'est plus logique ni plus légitime qu'un pareil précepte. Dépendant entièrement de celui qui lui a donné l'être, il est naturel, et c'est son intérêt, que l'homme s'en montre reconnaissant et le témoigne par des actes extérieurs.

Le second oblige à respecter, en même temps que l'organisation qui assure l'ordre dans la famille et dans la Société, l'autorité légitime qui le maintient. (Quatrième commandement du Décalogue.)

La raison d'être de la famille et de la Société est de donner, au genre humain, les moyens d'ac-

102

complir plus aisément sa destinée. Elles ne le peuvent que si une autorité, légitimement établie, assure l'ordre indispensable, en faisant respecter les droits et remplir les devoirs de chacun. Cette autorité est donc nécessaire, nécessaire aussi le précepte qui la fait respecter.

Le troisième détermine les limites dans lesquelles doit se renfermer l'instinct de reproduction. (Sixième et neuvième commandements du Décalogue.)

Cet instinct, nous l'avons vu, pousse les sexes à s'unir pour assurer la reproduction de l'espèce. Mais, nous l'avons aussi particulièrement remarqué, la jouissance, qui accompagne ce rapprochement, n'est que le moyen qui facilite l'acte de la génération, lequel, seul, est le but.

Il était nécessaire d'en régler l'usage pour éviter l'abus.

Le troisième précepte le fait en interdisant une pratique qui transforme en but ce qui ne doit rester qu'un moyen.

Le quatrième précepte oblige l'homme à se contenter d'une seule femme, la femme d'un seul homme. (Neuvième commandement du Décalogue, développé et précisé par le Messie.)

Il impose, à tous les deux, le respect, jusqu'à la mort, du lien qui les unit.

Il assure ainsi le fonctionnement normal de la famille par la moralité du foyer, le respect de la femme, la possibilité d'élever les enfants.

Le cinquième précepte oblige à la tempérance intellectuelle et physique.

Il découle nettement des enseignements du Messie et a pour but d'assurer la bonne santé physique et morale, en interdisant les excès de tous genres.

Le sixième précepte oblige à travailler.

Il a été imposé par Dieu même en punition de la révolte, comme une peine, aussi l'homme, bien que fait pour le travail, y répugne. Il fallait que la faiblesse de sa volonté fût stimulée par un commandement précis et formel.

Le septième précepte oblige au respect de la vie humaine, sans lequel la paix et l'ordre ne sauraient subsister dans la famille et la Société. (Cinquième et huitième commandements du Décalogue).

Cette obligation s'étend, non seulement au respect de la vie matérielle, mais aussi à celui de tout ce qui constitue la personnalité morale de l'homme. Par conséquent, le précepte prohibe, non seulement les violences matérielles, mais tout propos, toute manœuvre, tout fait qui peuvent atteindre cette personnalité morale et par lesquels on peut nuire à l'homme tout aussi sûrement qu'en s'attaquant à son corps.

Le huitième précepte impose le respect de la propriété, qui est tout aussi nécessaire à la paix, mais qui est, en outre, indispensable au progrès social. (Septième et dixième commandements du Décalogue.)

Enfin, *le neuvième précepte, qui découle formellement des enseignements répétés du Messie, commande de pratiquer la Justice, la Charité et le Renoncement.*

La Justice, en ne causant de tort à personne et en attribuant à chacun ce qui lui est dû.

La charité, en allant plus loin et en se dépouillant, en faveur d'autrui, du bien que l'on possède, dans la mesure où peuvent pousser la sympathie et l'élan du cœur.

Le Renoncement, soit en n'usant pas de tout son droit, soit en faisant toutes les concessions compatibles avec le devoir, soit en n'allant pas jusqu'à l'extrême limite des moyens d'action qu'offrent les lois matérielle et morale.

Si maintenant nous reprenons chacun de ces préceptes, nous voyons qu'en France, ils sont, actuellement, ou violés ou même complètement rejetés, soit par le gouvernement, soit par les particuliers, soit par tous les deux à la fois.

Le premier[1] est complètement rejeté par le Gouvernement qui, non seulement refuse de rendre au créateur les respects et l'obéissance qu'il commande, mais prétend même imposer à la nation la négation de son existence.

Quant aux particuliers, sans aller jusque-là, de plus en plus grand devient le nombre de ceux qui négligent ou trouvent inutile l'accomplissement de ce précepte.

L'éducation donnée à la jeunesse, les lois nouvelles, la faiblesse et même les actes du gouvernement battent en brèche l'autorité dans la famille et la Société, si bien que la violation du second précepte devient plus fréquente et plus générale.[2]

---

[1] Respect, obéissance, hommage dûs au Créateur.

[2] Respect et obéissance à ceux qui, dans la famille et la Société, représentent l'autorité légitime.

L'excitation continuelle des sens, par les arts, la littérature, le journalisme, le théâtre et autres exhibitions pornographiques ou licencieuses, qui se répandent dans tout le pays, grâce à l'impardonnable tolérance du gouvernement, porte à oublier trop facilement la limite qu'impose, à l'instinct de reproduction, le troisième précepte[1] et rend son observation de plus en plus difficile.

Ces mêmes causes, auxquelles se joint l'action de lois telles que celles sur le divorce, le partage forcé, l'interdiction de la recherche de la paternité, notamment, entravent chaque jour davantage l'observation du quatrième précepte.[2]

La pratique de la tempérance, à laquelle oblige le cinquième précepte[3] et qui, seule, peut mettre un frein à la soif désordonnée de jouissances matérielles et de bien-être, qui se répand dans toutes les classes de la Société, s'observe de moins en moins, grâce aux sollicitations et aux satisfactions de toute nature que le gouvernement laisse mettre à leur portée.

Le travail, imposé par le sixième précepte, est

---

[1] Détermination des limites dans lesquelles doit se renfermer l'instinct de reproduction.

[2] Indissolubilité du bien conjugal, monogamie.

[3] Pratique obligatoire de la tempérance.

de plus en plus considéré, non comme un devoir, mais comme une corvée dont chacun s'efforce de s'exonérer de son mieux ou comme un moyen d'arriver à satisfaire ses appétits.

L'oisiveté et le plaisir tendent de plus en plus à devenir l'idéal de la vie et le seul but auquel on doit tendre.

Les attentats contre la vie humaine, au mépris du septième précepte, augmentent dans d'inquiétantes proportions et le plus mauvais symptôme c'est que cette augmentation provient.surtout du fait de la jeunesse.

Ce qu'il y a de plus grave encore, ce sont les entreprises contre la réputation, l'honneur, la liberté de conscience, qui se multiplient et, par des manœuvres de plus en plus audacieuses, arrivent à réduire à l'impuissance, à la misère et à tuer moralement des citoyens honnêtes et paisibles.

Et ces manœuvres, faut-il le dire, ne sont pas uniquement le fait de simples particuliers, mais du gouvernement lui-même, lorsqu'il a un intérêt politique ou autre à le faire.

Quant au huitième précepte[1], il est ouvertement

---

[1] Respect de la propriété.

violé, et par l'Etat lui-même, dont une des principales missions, cependant, est de faire respecter la propriété.

Quel encouragement n'a-t-il pas donné aux contempteurs de ce précepte par les lois sur les biens des Congrégations et des Fabriques !

Enfin, jamais le neuvième précepte[1] n'a été plus complètement foulé aux pieds que de nos jours, et par le gouvernement, qui refuse toute justice à ses adversaires politiques, et par le monde industriel et commercial, où bientôt on ne connaîtra plus d'autres relations que celles qui naissent des grèves, des lock-outs, et par l'ensemble de la nation, qui, pour assouvir ses instincts égoïstes, oublie la pratique volontaire de la Charité et tend à lui substituer, de plus en plus, une charité officielle sans cœur, coûteuse et, surtout, sans réelle efficacité.

Cette revue sommaire suffit pour se rendre compte que tous les préceptes de la Loi Morale sont ou violés ou rejetés.

Peut-on s'étonner maintenant du trouble qui règne, du désordre social qui augmente dans des

---

[1] Pratique obligatoire de la justice, de la charité et du renoncement.

proportions telles qu'il finit par inquiéter même les partisans de l'ordre de choses actuel.

En présence d'une situation pareille, bien audacieux serait celui qui prétendrait que l'axiome de l'Ecole de la Paix sociale ne se justifie pas une fois de plus à notre désavantage.

Nous souffrons parce que nous violons la Loi Morale !

Comment pourrait-il en être autrement ?

A moins de supposer le Créateur inepte ou impuissant, est-il admissible qu'il n'ait donné à l'homme, en le créant, qu'une loi imparfaitement adaptée à sa nature, impuissante à le conduire au but qu'il lui assignait ?

Non ce n'est pas possible.

Donc, comme toutes les autres, elle est parfaite et se complète par des sanctions appropriées.

Si, par respect pour la liberté de l'homme, le Créateur en tolère la violation pendant la durée de la vie présente, ses sanctions ne s'en réalisent pas moins, par la souffrance et la mort, pour les associations et les sociétés et, pour l'individu, souvent par la souffrance dans la vie présente, mais, certainement, par une punition, proportionnée à la faute, dans la vie future.

TROISIÈME PARTIE

REMÈDES

La décadence et ses causes étant constatées, trop facilement, hélas ! il faut, maintenant, chercher et surtout trouver les remèdes, ce qui est moins aisé.

Ce ne sont point cependant les médecins et les consultations qui manquent.

Si, pour la guérir, il ne fallait pas autre chose, il y a beau temps que la France serait sauvée.

Malheureusement cela ne suffit pas.

Le remède doit être topique et surtout appliqué rapidement, avec décision, sans défaillance.

Nous devons donc rechercher d'abord, parmi les nombreux proposés, quel sera celui qui conviendra, quels seront les meilleurs procédés d'application et, en scrutant l'état de la Nation, voir si elle est capable de le prendre et de le supporter.

CHAPITRE PREMIER

Le Choix.

Pour procéder avec ordre, il faut distinguer les remèdes empiriques de ceux que j'appellerai les remèdes logiques.

Les premiers, proposés sans tenir compte de l'état des esprits et de la situation, sont imposés de force et appliqués soudainement, d'un seul coup.

Ils ont, on peut le dire, autant de chances de tuer le malade que de le sauver.

Mais, comme ils réussissent quelquefois, on peut les employer dans les cas désespérés : *Salus patriœ suprema lex esto!*

Dans cette catégorie, je placerai le Sauveur, l'Anarchisme, le Communisme, le Socialisme et ce que l'on peut appeler la théorie de l'Evolutionisme.

Les remèdes logiques sont ceux qui procèdent en tenant compte de l'état des esprits, de la situation, qui réalisent, progressivement, les améliorations possibles et arrivent ainsi à rétablir l'ordre avec quelque chance de durée, parce qu'ils s'appuient sur le concours de tous les bons citoyens, tout en ménageant l'opinion publique et, au besoin, en la guidant.

Ces remèdes sont ceux qui ont pour but le rétablissement de la Loi Morale et sa mise en pratique.

§ I. — *Remèdes empiriques.*

1° *Le Sauveur.* — Le premier remède, qui se présente à l'esprit, est que surgisse un homme, porté par les circonstances, sachant s'en servir, s'emparant du pouvoir et rétablissant l'ordre.

Pour la majorité de ceux que hante ce rêve, il suffirait que cet homme, armé d'un bâton ou d'un sabre, rétablit purement et simplement l'ordre matériel.

Rassurés sur l'avenir et sans en demander davantage, ils reprendraient, d'un cœur léger, sans trop chicaner sur les moyens employés, la suite de leurs affaires ou de leurs plaisirs.

D'autres, chrétiens convaincus et qu'exaltent les souvenirs bibliques, voudraient que cet homme providentiel fût suscité par Dieu même, agit en son nom et rétablit, non seulement l'ordre matériel, mais aussi et surtout l'ordre moral.

Les uns et les autres me paraissent être la proie d'une véritable hallucination. Non que la chose soit impossible, mais parce que, de leur désir à la réalité, il y a un abîme, que leur imagination peut franchir, mais qui, en fait, ne l'est que si rarement qu'on peut bien dire qu'il reste un obstacle invincible.

Il faut d'abord que cet homme existe.

Or, l'histoire de l'humanité démontre que la réalisation d'une pareille personnalité est bien rare.

Il faut, en second lieu et en admettant qu'il sache adroitement s'en servir, que les circonstances lui soient favorables ; ce qui n'est pas moins exceptionnel.

Il faut, enfin, qu'il ait les moyens de conquérir le pouvoir. Or ces moyens deviennent de plus en plus difficiles à se procurer.

Il peut avoir, pour lui, l'opinion publique, mais, lorsqu'il lui faudra passer aux actes, trouvera-t-il les dévoûments et les ressources capables de lutter contre le perfectionnement des armes, la concentration du pouvoir, le télégraphe, le téléphone, qui permettent, si facilement, d'étouffer en germe toute tentative d'action.

En admettant qu'il réussisse, ce ne pourrait être que par la violence ou la ruse. Or elles laisseraient fatalement après elles des germes de méfiance ou de haine, qui pourraient peut-être, pour un temps, être comprimés, mais qui, à un moment donné, provoqueraient des révoltes qu'il n'aurait plus le pouvoir d'apaiser.

Quant aux catholiques, qui songent à l'homme providentiel, ils demandent, purement et simplement, à Dieu un miracle.

Évidemment il peut le faire. Mais le veut-il ? La foi la plus entière en la Providence, la prière la plus ardente suffiront-elles ? Oui, affirment-ils. Il y a, dans l'Evangile, des textes qui permettent de l'espérer.

Je crois que c'est insuffisant, parce qu'il y a, aussi dans l'Evangile, d'autres textes qui disent que la foi et la prière, sans les œuvres, sont imparfaites. Ce ne sont, si je puis ainsi dire, que des manifestations platoniques.

Dieu, pour exaucer, demande à être prié en vérité et cette vérité n'est entière que lorsqu'on joint les actes aux paroles.

Que font les catholiques qui demandent le miracle ? Rien ou du moins pas assez encore.

Il ne faut donc pas qu'ils comptent que Dieu agisse seul et ils doivent préparer le milieu dans lequel il voudra bien produire le miracle désiré.

Il faut donc, avant tout, qu'ils comptent sur eux-mêmes, et ils ne paraissent pas s'en douter ou ne veulent pas faire l'effort nécessaire.

2° *L'Anarchisme.* — Le premier remède implique la conservation des vieux principes, sur lesquels repose l'ordre social actuel.

Nous entrons, avec le second, dans un ordre d'idées tout différent.

Ces principes, dit-on, n'ont jamais servi qu'à l'oppression du plus grand nombre par une minorité assez habile et assez audacieuse pour accaparer le pouvoir, les richesses et les exploiter à son profit.

Pour mieux asseoir sa domination, cette même minorité a, en même temps, répandu de fausses notions sur l'existence prétendue d'une vie future où les souffrances de la vie présente, bien supportées, auraient leur récompense.

Elle a créé ainsi, dans la classe opprimée, un état de torpeur qu'on appelle résignation et qui lui permet d'user en paix de toutes les jouissances actuelles.

Or, il faut que cette situation cesse.

L'existence d'une vie future n'est qu'une hypothèse dont la preuve n'est pas faite.

Il est donc plus sûr de ne s'en tenir qu'à la vie présente.

Dans ces conditions, il est juste que tous aient une égale part aux jouissances de cette vie et une égale satisfaction de leurs besoins. En conséquence, il faut détruire de fond en comble l'orde de choses actuel et répartir également les richesses entre tous les membres du corps social.

Les partisans de cette théorie, toute matérialiste, puisqu'elle nie ou néglige les manifestations de l'âme humaine, sont bien d'accord pour démolir, mais ils diffèrent, et sur les moyens à employer pour maintenir l'ordre social nouveau, et, ce qui est plus grave, sur ce qu'il devra être, aussi bien que sur les principes d'après lesquels il sera constitué.

Les simplistes ne font pas de longs raisonnements.

Toutes les richesses privées et publiques doivent être mises en commun et chacun y puisera librement dans la mesure de ses besoins.

Il n'y aura personne pour commander, personne, par conséquent, ne sera contraint d'obéir. On s'associera selon ses convenances, soit pour travailler, soit pour procréer des enfants, soit pour jouir et l'association, ainsi librement formée, se dénouera librement aussi, lorsque le but sera atteint, ou même lorsque la vie commune aura cessé de plaire, sauf à recourir à d'autres combinaisons pour achever l'entreprise commencée.

Chacun pourra, ainsi, jouir de la part de bonheur proportionnée à ses facultés et personne ne sera astreint à plus de travail qu'il ne sera nécessaire pour satisfaire ses besoins.

Telle est, résumée en quelques mots, la Théorie Anarchiste, dont la formule, devenue classique, est : Ni Dieu ni Maître.

En admettant que Dieu et la vie future, qu'on raye ainsi d'un coup de plume et par simple affirmation, n'existent pas, est-il bien sûr que l'ordre social, ainsi inauguré, sera supérieur à celui qui existe actuellement.

Je ne le pense pas et, sans faire montre d'une bien grande présomption, il me semble facile de démontrer le contraire.

A-t-on d'abord réfléchi à ce que serait la Société au lendemain de la suppression de toutes les lois qui protègent la vie, la propriété, la liberté et l'honneur des personnes.

Tous ceux que retiennent encore la peur d'une répression, se rueraient à l'assaut des richesses privées et publiques. Ils en prendraient certainement plus que leur part et assouviraient, dans le gaspillage, l'orgie, le désordre, leur soif de jouissance jusque-là si durement comprimée.

Que deviendrait la sécurité des personnes qui voudraient. s'opposer à leurs convoitises ? Et d'ailleurs de quel droit s'y opposeraient elles ?

Du droit, dira-t-on, qu'elles ont d'avoir aussi leur part des richesses et des jouissances.

Alors c'est un conflit. Qui le jugera ? Mais, réplique-t-on, il n'y aura pas besoin de juges, parce qu'on finira toujours par s'entendre.

Est-ce bien sûr ?

Tant qu'il y aura assez de richesses pour la satisfaction de tous, c'est à la rigueur possible, mais lorsqu'elles seront épuisées et qu'il s'agira de besoins essentiels à satisfaire, ce sera le combat pour la vie, l'instinct l'emportera sur la raison et le conflit se terminera fatalement par la défaite des plus faibles et le triomphe des plus forts.

En résumé, c'est la violence qui aura le dernier mot et la paix sociale ne s'établira que par l'écrasement définitif et la disparition du vaincu.

Vos conclusions ne sont pas exactes, objecte-t-ton. On peut arriver à une solution pacifique par l'éducation des masses et en leur inculquant qu'il est de l'intérêt de chacun de faire les concessions nécessaires aux droits d'autrui.

Mais l'éducation implique un maître, qui

enseigne en vertu d'une autorité et qui dispose d'une contrainte.

Or, sous le régime anarchique, quelle peut bien être cette autorité, sur quel droit s'appuiera la contrainte, puisque personne ne peut commander et ne doit obéir ?

L'éducation, affirment les théoriciens, se fera sans contrainte. Le seul appel à la raison, aux bons sentiments, joint à la démonstration des avantages évidents, qui résultent de la modération, suffiront pour amener les concessions nécessaires.

C'est parfait. Mais, à côté de la théorie, il y a la pratique et l'observation de la nature humaine qui prouve qu'elle ne répondra pas aux conclusions sus énoncées.

En effet, la volonté de l'homme a des défaillances et une sorte de déséquilibre rationnellement inexplicables, mais certaines. Elles se manifestent dès l'enfance et, bien que corrigées dans une certaine mesure, n'en persistent pas moins chez l'homme fait.

Le Play l'a appelé le vice originel et il n'y a pas besoin d'être, comme lui, un observateur profond et sagace pour en constater l'existence.

124

Ce vice était bien connu dans l'antiquité
païenne, et Ovide, résumant la pensée des siècles
passés, s'écriait :

Video meloria proboque.
Deteriora sequor !

Saint Paul n'a fait que traduire et développer
cette formule en disant :

« Le bien que je veux, je ne le fais pas, mais
« le mal que je ne veux pas, je le fais.... Je me
« complais dans la loi de Dieu, selon l'homme
« intérieur, mais je vois, dans mes membres, une
« autre loi qui combat la loi de mon esprit et me
« captive sous la loi du péché ». (Epître aux
Romains, chap. VII, v. 19, 22 et 23).

Tous les faits de l'histoire sont là pour en démontrer la vérité et l'observation personnelle,
que chacun de nous peut faire en soi ou sur les
autres, ne laisse aucun doute sur l'existence de
ces défaillances de la volonté humaine.

Ainsi, chaque jour, ne s'accomplissent pas les
actes que la raison démontre être d'un avantage
évident et se font ceux qu'elle juge devoir
tourner au détriment de ceux qui les exécu-
tent.

Comment, avec un pareil vice, auquel aucune

éducation n'a pu jusqu'à présent complètement remédier, pourra-t-on obtenir la bonne volonté constante et l'accord permanent, qui sont indispensables à la théorie anarchiste? C'est impossible et, de ce chef, elle est condamnée à un échec certain.

D'autre part, les richesses ne se créent pas toutes seules. Elles sont dûes au travail.

Or, le travail coûte un effort, on ne s'y livre guère que sous la poussée du besoin et seulement dans la mesure indispensable pour le satisfaire.

Par quel moyen la théorie anarchiste obtiendra-t-elle que ceux qui peuvent produire, au-delà de ce qui leur est nécessaire, le fassent pour aider ceux dont la production est insuffisante ?

Par l'appel aux sentiments de philanthropie, d'altruisme, de solidarité, sans doute !

Peut-être y aura-t-il quelques résultats, car ces sentiments sont innés chez l'homme, mais ils resteront toujours insuffisants et incomplets, parce que cet appel n'a pas de sanction et que les défaillances de la volonté, l'intérêt personnel en tarissent trop souvent la source.

3° *Le Communisme.* — Cette objection, jointe

à ce que la théorie anarchiste pure présente d'égoïsme dans l'exercice des droits individuels sans limitation et sans contrôle, a suggéré l'idée du Communisme.

Au lieu de mettre les biens communs à la disposition de chacun, on peut former, par affinité ou sympathie naturelle, des groupes restreints, de la consistance d'une commune par exemple, qui mettraient en commun leur travail, ses produits et répartiraient, à chacun de leurs membres, et sa part du travail et sa part des produits.

Les groupes pourraient librement se fédérer entre eux et donner ainsi naissance aux groupes régionaux d'abord, nationaux ensuite.

Le travail, base essentielle de ces groupes, pourrait être rendu attrayant, soit en employant chacun des membres à celui qui répondrait le mieux à ses goûts et à ses aptitudes, soit en laissant chacun s'adjoindre à ceux qui lui seraient sympathiques.

La charge serait d'autant moins lourde que la production ne dépasserait jamais les besoins de la communauté et qu'elle serait, de plus en plus, allégée par la découverte de machines qui augmentent la production, tout en diminuant l'effort.

La théorie est séduisante. Bien exposée, elle donne le sentiment d'un ordre parfait, d'une vie paisible et heureuse, avec un travail agréable et une entière liberté.

Aussi a-t-on essayé de la mettre en pratique. Des gens, enthousiasmés par la lecture d'écrits où elle était exposée avec des résultats donnés comme certains, se réunirent et fondèrent des groupes.

Les illusions ne tardèrent pas à se dissiper et les résultats furent lamentables.

Tout le monde connaît les désastres de l'Icarie, fondée en 1848 par Cabet, ceux de la colonie phalanstérienne organisée peu après par Victor Considérant, les avatars plus récents et tout aussi malheureux, par lesquels ont passé les Saint-Simoniens.

Ces insuccès, répétés et retentissants, ont jeté sur le Communisme un certain discrédit et expliquent la préférence que les classes pauvres manifestent pour l'Anarchisme, dont la seule supériorité me paraît être de n'avoir pas encore été expérimenté aussi en grand et avec autant de réclames[1].

Quoi qu'il en soit, en ce qui concerne le Communisme, son insuccès pratique était à prévoir et les causes en sont faciles à dégager.

Tout d'abord, le travail attrayant est une chimère.

Quelle que soit la manière de le prendre, il n'en reste pas moins l'effort. En commençant, il peut passer inaperçu, grâce à l'attrait de la nouveauté, mais, si bien qu'il rentre dans les goûts et les aptitudes de celui qui s'y livre, sa répétition quotidienne lasse, la nécessité de l'effort apparaît et le travail finit par devenir, ce qu'il est en réalité, un fardeau dont on cherche à s'exonérer le plus possible.

C'est ce qui n'a pas tardé à se produire dans les groupements communistes. Les travaux pénibles n'ont bientôt plus trouvé d'amateurs et

[1] On ignore, généralement, les tentatives de vie anarchique qui ont été faites au Brésil, au Canada, en Belgique, en Hollande, etc. Elles ont toutes échoué dans l'obscurité et la misère.
En France, le Milieu libre de Vaux, organisé près de Château-Thierry, a fonctionné trois ans à peine et la colonie d'Aiglemont, fondée en 1903, par Fortuné Henry, se disloquait, faute de colons, faute de ressources. Son matériel était saisi et vendu au commencement de 1906.

' les individualités, qui se livraient à ceux qui ne coûtaient aucune peine, n'en faisaient que le moins possible.

Si bien que la production des choses essentielles à la vie était bientôt insuffisante et que le fonctionnement normal du groupe devenait impossible.

D'autre part, la liberté dans l'union des sexes empêchait la formation de la famille, la procréation des enfants et surtout leur élevage et leur éducation.

Au lieu de l'ordre indispensable, il n'y a eu bientôt plus que le désordre et la licence.

Enfin l'existence du vice originel et le défaut de contrainte ont achevé la ruine des entreprises en donnant libre essor à l'égoïsme et à toutes les mauvaises passions.

4° Le Socialisme d'Etat. — Des matérialistes plus avisés, se rendant compte de l'impossibilité de fonder, sans contrainte, un ordre social durable, proposent de remplacer l'ordre de choses actuel par le Socialisme d'Etat.

L'ensemble des richesses et des moyens de production, dans cette théorie, serait mis à la disposition de l'Etat et lui seul aurait le pouvoir d'organiser la production en assignant à chacun sa tâche et d'en répartir les résultats entre tous les membres de la nation.

Ceux-ci ne seraient libres, ni de choisir le genre de travail qui leur conviendrait, ni de l'exécuter selon leur convenance, ni d'en garder le produit.

L'Etat déterminerait le genre et la quantité de travail que chacun devrait produire, ainsi que la part à laquelle il aurait droit, sur les produits du travail commun, pour pourvoir à ses besoins.

En plus, il aurait le droit de contraindre ceux qui refuseraient de se soumettre à ses décisions.

Théoriquement et en admettant que l'Etat tout-puissant soit, toujours et en tout, parfaitement juste, cette organisation serait admissible.

Elle serait, peut-être même, la seule possible, si la Loi Morale n'existait pas et, de fait, il est à remarquer que, dans l'Antiquité païenne, où cette loi était mal connue et surtout imparfaitement appliquée, c'était celle qui prévalait, au fond, sous des formes diverses.

Dans les Monarchies, le Souverain, dans les Républiques, l'Etat, étaient, en fait, maîtres de tout et distribuaient à leur gré le travail et les richesses. Son fonctionnement assurait, tant bien que mal, l'ordre matériel.

Si le Souverain et l'Etat étaient justes, la paix régnait avec une certaine prospérité, mais, dès qu'ils cessaient de l'être, leurs agissements finissaient, malgré toutes les contraintes, par susciter des troubles qui ébranlaient les sociétés jusque dans leurs fondements.

Les résultats seraient certainement les mêmes si on appliquait à la France le Socialisme d'Etat. Peut-être pires, parce que les peuples anciens croyaient encore à l'action de la Divinité vengeresse des droits violés, tandis que les négations du matérialisme contemporain suppriment tout espoir et tout recours.

Quelques instants de réflexion suffisent pour se rendre compte de la réalité de cette affirmation.

D'abord, qui donnera à l'Etat ce pouvoir nécessaire au fonctionnement du nouvel ordre de choses ?

Autrefois, aussi bien dans l'Antiquité qu'au Moyen-Age et dans le Monde moderne, on admettait qu'il était une émanation de la Divinité.

Maintenant, ou il faudra s'en emparer de sa propre initiative et ce sera une véritable usurpation, qui rendra l'autorité précaire et discutable, ou il sera donné par le consentement de ceux qui y seront soumis.

Mais dans quelle forme, par quelle majorité ? Jusqu'à quel point la minorité devra-t-elle l'accepter ?

Quelles seront sa durée et ses limites ?

Autant de sujets de contestation, qui en affaibliront singulièrement l'exercice.

Ce que l'on peut dire de mieux, c'est que la Théorie admet ce pouvoir comme une nécessité de fait.

C'est donc, en réalité, une origine impossible à légitimer en droit.

Ne peut-on pas dire déjà qu'une théorie, qui repose sur une telle base, est bien fragile ?

Mais passons, il ne manque pas d'autres points faibles.

D'abord, la liberté individuelle n'existera plus, on sera contraint au travail imposé et, sans compter avec les révoltes que soulèvera un pareil mépris d'un des droits les plus sacrés de l'individu, on peut être sûr qu'il se soustraira le plus qu'il pourra à cette contrainte. D'autant mieux, qu'il saura qu'il ne lui sert de rien de produire au-delà de ses besoins, puisque le surplus ne restera pas sa propriété.

La Théorie méconnaît donc la puissance de l'intérêt individuel, qui pousse l'homme à produire et qui est une des conditions essentielles du progrès.

Il en résultera, ainsi d'ailleurs qu'on le constate dans les Civilisations antiques, une diminution et une stagnation dans la production.

Pour y remédier, l'Etat pourra employer la contrainte. C'est entendu. Mais cette contrainte n'atteindra jamais la volonté même de ceux qui y seront soumis, étant purement matérielle. Si bien organisée qu'elle soit, nombre de faits lui échapperont et, pour les atteindre, il faudra sans cesse augmenter le nombre des agents. Et que dire de ces derniers ? Ne seront-ils pas, eux aussi, soumis aux défaillances du vice originel et s'acquitteront-ils toujours de leur tâche avec l'activité et l'impartialité voulues ?

Mais ce qui est le plus à redouter, dans le fonctionnement du Socialisme d'Etat, c'est la tyrannie implacable qu'il peut faire peser sur les citoyens.

En effet, l'Etat est, en réalité, représenté par des individus. En les admettant même aussi éclairés, aussi parfaits que possible, ce qui ne sera pas toujours, ils n'en restent pas moins soumis, comme les autres, aux défaillances du vice originel. N'auront-ils pas, dès lors, des tendances à favoriser leurs partisans au détriment de leurs adversaires et, si le choix des membres du Gouvernement est médiocre et surtout mauvais, qui ne voit que ces injustices peuvent facilement dégénérer en une persécution d'autant plus redoutable qu'aucune puissance supérieure ne viendra en réfréner les écarts.

Nous ne sommes maintenant que sur le chemin du Socialisme, mais, par la façon dont le parti dominant gouverne, on peut comprendre ce que ce sera lorsque l'Etat, concentrant tous les moyens de production et les produits, sera seul chargé d'en faire la répartition.

Ce sera l'écrasement sans phrases des minorités.

Que deviendront les richesses avant et après leur mise à la disposition de l'Etat ?

Avant, il n'est pas douteux que les particuliers emploieront tous les moyens en leur pouvoir pour mettre les leurs à l'abri de l'emprise générale.

Il en résultera une perturbation telle que le crédit sera, sinon tué, au moins très fortement ébranlé, ce qui amènera une diminution énorme dans les richesses et le volume des transactions.

Après, la production diminuera dans des proportions incalculables, non seulement par la suppression de l'intérêt individuel, mais aussi par une gestion moins attentive et un gaspillage plus grand.

On en est même à se demander si elle sera suffisante pour assurer la consommation et si on ne sera pas obligé de faire appel à l'étranger, dont les produits, moins chers, achèveront, par leur introduction forcée, de désorganiser et d'annihiler la production nationale.

Ces réflexions suffisent pour démontrer que la substitution du socialisme d'Etat à l'ordre de choses actuel serait une aventure dans laquelle sombreraient la richesse, le crédit de la France et l'affaiblirait, dans des proportions telles, qu'elle deviendrait, sans résistance possible, la proie de ses rivaux, à moins que, par une chance sur laquelle il ne faut guère compter, ils ne fassent, en même temps qu'elle, une semblable évolution.

Ceux qui y poussent, ou sont des utopistes qu'égarent leurs théories, ou des ambitieux, qui font du Socialisme un tremplin pour bondir au sommet du pouvoir et s'y maintenir, en faisant miroiter, aux yeux de leurs dupes, un avenir irréalisable.

5° *L'Evolutionisme.* — Quelques philosophes matérialistes attribuent l'insuccès certain des conceptions socialistes, à leur refus d'admettre l'existence d'une loi préexistante, dominant l'humanité, réglant sa marche, engendrant l'autorité et déterminant ses conditions d'exercice.

Or, disent-ils, cette loi existe et son fonctionnement normal assure le progrès.

En effet, lorsque, par suite de circonstances heureuses et en évoluant dans un milieu favorable, l'humanité s'est distinguée de la masse des êtres, elle était déjà soumise à cette loi sans s'en rendre compte et en suivait aveuglément les prescriptions.

Mais, à mesure qu'elle se dégageait des besoins purement matériels et que s'affirmaient son intelligence et sa conscience, elle est arrivée à en constater l'importance et à en accepter, volontairement, la direction.

Elle a pu rester la même tant que les besoins de l'humanité sont restés identiques et ses prescriptions, largement conçues et sagement interprétées, ont suffi, jusqu'à présent, pour maintenir l'ordre et assurer le progrès.

Mais, en présence des horizons nouveaux qu'ouvrent les découvertes modernes, cette immutabilité serait une prison qui arrêterait l'essor. Il faut qu'elle cesse et la loi doit se modifier pour guider, dans ses évolutions nouvelles, l'homme désormais en marche vers une perfection plus grande et un avenir insoupçonné jusqu'à présent.

C'est cette loi, ainsi comprise et acceptée par tous, qui donnera, à l'Autorité, la base stable qui lui manque dans les conceptions socialistes et en fera disparaître l'arbitraire.

Tant que le gouvernement, quelle que soit sa forme, appliquera ses préceptes, il aura le droit de contraindre à l'obéissance et ceux qu'il dirige auront le devoir d'obéir.

Est-ce bien sûr ?

Cette loi, préexistante par essence, mais variable dans ses applications, ne paraît guère supérieure à celles que l'humanité édicte elle-même.

Au fond, n'est-ce pas cette humanité qui lui fera subir, au fur et à mesure de ses besoins, les modifications qu'elle croira propres à favoriser son évolution et n'est-il pas à craindre que leur multiplicité ne finisse par engendrer la confusion ?

Dans ces conditions, l'appui qu'elle prêtera à l'autorité sera bien incertain et ne dépassera pas la volonté humaine.

Cette autorité n'aura d'empire que sur ceux qui l'auront acceptée.

Or, comment s'assurer du consentement de tous et de leur accord sur la validité de préceptes, qui, bons aujourd'hui, ne correspondront plus, demain, aux besoins du progrès.

Le gouvernement n'y trouvera certainement pas la force qu'en espèrent les auteurs de la théorie.

Ne sachant, ni si ce qu'il commande est encore légitime, ni jusqu'où peut aller son droit de contrainte, il ne tardera pas à tomber dans l'arbitraire et, si on refuse de lui obéir, il n'aura d'autre moyen que la force pour faire respecter ses ordres.

Une loi n'a d'action complète que lorsqu'elle s'impose indiscutablement au for intérieur et extérieur de tous et elle ne s'impose ainsi que lorsqu'elle a une origine supérieure et à ceux qui l'appliquent et à ceux auxquels elle est appliquée.

.. Est-il juste, d'ailleurs, qu'une loi appelée à régir l'ensemble de l'humanité, passée, présente et future, puisse varier et en favoriser ainsi peut-être une fraction plus que les autres.

Pourquoi ne pas la mettre à même par l'invariabilité des préceptes et la similitude des moyens de jouir tout entière des mêmes avantages, des mêmes facilités ?

Ces modifications successives de la loi et des moyens de la pratiquer sont autant d'accrocs au principe d'égalité absolue que prêchent les doctrines matérialistes.

Enfin, si l'homme était, ainsi que le prétendent les Evolutionistes, prêt à entrer dans une phase nouvelle et plus parfaite de son existence, on devrait constater, soit dans son organisation, soit dans les milieux où il habite, des changements appropriés aux conditions nouvelles dans lesquelles il aurait à vivre.

Or on ne constate rien de semblable.

Donc, la théorie évolutioniste, reposant sur une hypothèse non démontrée et aboutissant à des conséquences injustes, est mal fondée.

Le serait-elle mieux qu'en fait, elle est impuissante à donner aux conceptions socialistes l'autorité indispensable au maintien d'un ordre véritablement stable dans la Société.

En résumé, les remèdes empiriques ne sauraient sauver la France.

Leur inefficacité est démontrée par les pages qui précèdent et il n'est pas, dès lors, étonnant qu'aucun essai pratique de ces diverses formes de gouvernement n'ait pu réussir. Bien plus, fort de la maxime de Le Play, on peut assurer qu'aucun d'eux ne réussira dans l'avenir.

Voilà la vérité qu'il faudrait faire pénétrer au sein des masses qui l'ignorent et qui, trompées par l'exposé habile de théories qui flattent leurs passions, donnent aveuglément leur confiance et le pouvoir aux rhéteurs qui en profitent pour faire leur fortune personnelle, sans se soucier d'améliorer leur sort, ni même de donner l'exemple et de mettre en pratique, eux tous les premiers, des préceptes dont ils reconnaissent l'inanité.

J'appelle sur ces réflexions l'attention toute particulière des ouvriers qui liront ces lignes.

Qu'ils regardent autour d'eux, qu'ils se renseignent. Ceux qui leur prêchent les utopies signalées, n'ont-ils pas, à peu près tous, fait fortune ? La partagent-ils avec leurs collaborateurs ? Ont-ils amélioré en quoi que ce soit leur situation ?

Ne leur ont-ils pas prêché la révolte, la haine, la lutte tant qu'ils n'étaient pas au pouvoir ? Ne les ont-ils pas condamnés, en reniant cyniquement leur passé, lorsqu'ils ont eu la chance d'y parvenir ? Ne leur ont-ils pas, en somme, donné que des espérances en un avenir incertain, pendant qu'ils jouissaient, eux, des réalités de la vie ?

N'en a-t-il pas été toujours ainsi dans le passé, n'en sera-t-il pas de même dans l'avenir ?

Qu'ils réfléchissent et ils ne tarderont pas à comprendre qu'ils sont dupés, trompés, bernés par des habiles, dont les sceptiques peuvent admirer l'audace triomphante, mais dont la masse qui souffre, enfin désabusée, devrait s'éloigner pour toujours !

Il faut donc trouver autre chose et c'est le cas de rechercher maintenant, dans les remèdes que nous avons appelés logiques, si nous en trouverons un dans lequel on puisse avoir confiance.

§ II. — *Remèdes logiques.*

1° Restauration d'une des anciennes formes de gouvernement. — Le premier remède qui se présente à l'esprit, c'est de renoncer aux procédés de gouvernement actuels et de restaurer, par des modifications appropriées, une des formes qui ont fait, soit la fortune de la France, soit celle des pays voisins.

Bien des gens, pour ne pas dire la majorité, pensent que cette évolution seule suffirait pour assurer le salut et chacun, suivant ses traditions de famille, ses études ou ses intérêts, propose sa petite combinaison.

Avant de les examiner, il ne sera pas inutile

de rappeler quelles sont les principales formes de gouvernement.

La première de toutes est la forme Théocratique. C'est celle qui apparaît à l'aurore de toute civilisation.

Quel que soit celui qui détient le pouvoir, il ne l'exerce jamais qu'au nom de la Divinité et sous son inspiration directe ou indirecte.

Ce fait constant est la preuve que l'humanité gardait alors le souvenir de l'existence et de la puissance de son Créateur et qu'elle sentait, au milieu de l'hostilité de tout ce qui l'entourait, la nécessité de demander son secours et d'accepter sa direction. Or, personne ne pouvait mieux les procurer que ceux qui passaient pour être en communication avec Lui et c'est pour cela qu'on les acceptait naturellement pour chefs.

Mais, à mesure que la Société s'est développée et a pris conscience de sa force, elle a tendu à se libérer du joug que faisait peser sur elle la Théocratie, joug d'autant plus étroit qu'elle commandait au nom de la Divinité et qu'elle contraignait, à la fois, le for extérieur et le for intérieur de l'homme, lui enlevant pour ainsi dire toute liberté d'action.

Le Pouvoir civil s'affranchit peu à peu de cette tutelle et s'organise, tout d'abord, en Oligargarchie, Aristocratie ou Monarchie.

Sous la première de ces formes, ce sont quelques individualités éminentes, auxquelles on délègue le Pouvoir ou s'en emparent, qui l'exercent plus ou moins despotiquement.

Sous la seconde, c'est la classe privilégiée par la fortune, l'intelligence, l'habitude du commandement, qui détient le pouvoir et le délègue à quelques-uns des siens, d'après un mandat, soit tacite soit exprès, mais, en général, à court terme et toujours révocable.

Sous la troisième, c'est la Nation qui confie le Pouvoir à une famille dans laquelle il se transmet, d'ordinaire, héréditairement.

Les deux premières formes, peu usitées d'ailleurs, n'ont été que des formes de transition. Elles ont abouti, le plus souvent, au despotisme, comme dans la République de Venise, ou à l'anarchie, comme dans le royaume de Pologne.

La troisième a été généralement adoptée et l'on ne peut nier qu'elle n'ait contribué, dans une large mesure, au progrès de la civilisation.

L'observation des faits prouve que ce résultat

est dû à plusieurs causes, qui sont toujours et partout les mêmes.

L'hérédité du pouvoir, dans une même famille, est, tout d'abord, une source de stabilité. Son exercice développe les aptitudes gouvernementales de ses membres et leur permet, même avec une intelligence médiocre, de s'acquitter convenablement de leurs fonctions.

Leurs intérêts, qui finissent par s'identifier avec ceux de la Nation, le sentiment de leur responsabilité, les empêchent généralement de prendre des mesures qui compromettent le salut de l'Etat et leur situation personnelle, intimement unis.

La perpétuité de leur pouvoir leur permet d'entreprendre et de réaliser les œuvres d'intérêt général qui demandent une longue préparation et une exécution souvent plus longue encore.

Enfin, la dévolution régulière de leur autorité évite, soit les compétitions de chefs de partis briguant le rang suprême, soit les innovations et les changements, quelquefois intempestifs, par lesquels ils veulent signaler leur passage aux affaires.

Mais ces causes ne sont pas les seules qui aient

assuré la durée et la prospérité de la forme monarchique.

Elles sont dues aussi à l'appui que peuvent prêter au Souverain le Pouvoir religieux, les classes dirigeantes et surtout l'observation de la Loi Morale.

La prospérité s'est ralentie, les troubles se sont fait sentir dès que l'accord entre le Souverain et les classes dirigeantes a cessé et, surtout, dès que la Loi Morale n'a plus été observée, au moins dans ses grandes lignes.

Le malaise grandissant, la Nation se désaffectionne peu à peu du régime auquel elle attribue ses maux.

Les classes dirigées, qui acceptaient l'impulsion par ignorance ou indifférence et parce qu'elles se sentaient suffisamment bien conduites et protégées, se voyant lésées dans leurs intérêts essentiels, veulent prendre la direction et exercer elles-mêmes le pouvoir pour remédier, si possible, aux fautes dont elles sont victimes.

C'est alors qu'est née la doctrine qui met le Pouvoir dans la Nation entière et affirme qu'il appartient à elle seule de le déléguer.

De ce principe découle la forme Démocratique,

dans laquelle, en effet, le Pouvoir appartient au peuple, est exercé en son nom, par des mandataires désignés par lui directement et pour un laps de temps généralement très court.

L'expérience a prouvé et prouve tous les jours que cette forme de gouvernement, purement et simplement pratiquée, n'améliore pas en général la situation.

Sans compter les inconvénients inhérents à la brièveté des mandats, on n'a pas tardé à se rendre compte que la Nation, prise dans son ensemble, n'a pas la capacité, la sagesse et la prudence nécessaires pour faire de bons choix.

Aussi, a-t-on essayé de remédier à cela, soit en faisant déléguer le Pouvoir, à vie ou héréditairement, à une personnalité éminente, avec le plus large mandat possible, soit en divisant ce pouvoir en législatif, judiciaire, exécutif et en en confiant l'exercice à des assemblées et à un souverain, élus par le peuple dans des conditions déterminées.

De là sont nées les formes Césarienne et Parlementaire.

Ces palliatifs ont rendu plus viable la forme démocratique, mais l'expérience a prouvé également que la forme césarienne aboutit fatalement à la tyrannie, si elle ne fait pas observer et, surtout, si elle ne respecte pas la Loi Morale et que la forme parlementaire ne tarde pas à aboutir à un désordre complet si elle néglige également la mise en pratique de cette loi.

Dans ces conditions, on ne voit pas bien l'amélioration qu'apporterait, vraiment, à la situation présente, la restauration d'une des anciennes formes de gouvernement, si elle n'impliquait pas, en même temps, la restauration de la Loi Morale.

Actuellement, les deux seuls partis qui aient des chances sérieuses de remplacer le gouvernement qui nous régit, si, toutefois, nous ne tombons pas auparavant dans l'anarchie, le communisme ou le socialisme d'Etat, sont la royauté et l'Empire.

La première représente surtout la forme monarchique, le second, la forme césarienne.

Tous deux, pour se faire bien venir promettent d'admettre la Nation à participer à un pouvoir, dont elle a d'ailleurs pris l'habitude, mais, sans être absolument muets sur la Loi Morale, ils n'ont ni l'un ni l'autre le courage d'affirmer nettement que leur premier souci sera de la remettre en honneur pour la faire pratiquer et la pratiquer eux-mêmes tous les premiers.

Ils se contentent, en effet, de proclamer le retour aux idées d'ordre, au respect de la religion, de la famille, aux traditions qui ont fait la grandeur de la France, mais ce sont des formules vagues, qui ne rassurent qu'à moitié, lorsqu'on voit que, dans le sein même de chaque parti, on n'est pas d'accord sur les réformes à faire.

Or, c'est précisement sur ces réformes, qu'il importe avant tout d'être fixé, puisque ce n'est que par le respect et la pratique de la Loi Morale que l'ordre moral et matériel sont assurés, indépendamment de toute forme de gouvernement.

Théoriquement, en effet, l'ordre et la paix ne peuvent régner que si une loi, s'imposant à tous, fait connaître nettement à chacun d'eux ses droits et ses devoirs.

Or il est certain que la Loi Morale, réglant, ainsi que nous l'avons vu, ceux de l'individu vis-à-vis du Créateur, de la famille, des associations, de la Société et de son semblable, a seule assez d'ampleur et émane d'une autorité assez haute

150

pour s'imposer à tous, être acceptée par tous sans humiliation et assurer ainsi l'ordre moral.

D'autre part, chacun exerçant, dans la mesure permise, ses droits et remplissant, conformément aux préceptes, ses devoirs, il ne peut s'élever aucun conflit sérieux et, si les défaillances du vice originel viennent troubler momentanément la paix, les contraintes, qui sanctionnent la Loi Morale, suffisent pour rétablir et maintenir facilement l'ordre matériel.

Pratiquement, l'observation des faits prouve que, quelle que soit la forme du gouvernement qu'aient adopté les nations, elles n'ont été prospères que lorsqu'elles ont observé au moins les préceptes essentiels de la Loi Morale.

L'histoire du peuple Hébreu, plus spécialement soumis qu'aucun autre aux prescriptions de cette loi, depuis la promulgation du Décalogue, en est la preuve la plus évidente et il en résulte clairement que sa prospérité ou sa décadence ont suivi le niveau d'observation de la Loi.

La grandeur de la Rome républicaine ne tient-elle pas à son respect de la Divinité (1er précepte de la Loi Morale), au respect de l'autorité, à la forte organisation de la famille (2me, 3me, 4me préceptes), à la vie sobre et laborieuse de la nation (6me, 7me préceptes), au respect de la propriété (8me précepte). Sa décadence n'a-t-elle pas eu sa source première dans l'application erronnée de quelques-uns de ces préceptes, la violation des autres et n'est-elle pas devenue irrémédiable lorsqu'ils ont été négligés et violés dans leur ensemble ?

La prospérité des États-Unis, de la Suisse, sous la forme républicaine, de l'Angleterre, sous la forme monarchique, ne puise-t-elle pas sa source dans l'observation des préceptes essentiels de la Loi Morale.

Et la France, ses périodes de prospérité, sous Charlemagne, St Louis, Louis XI, Henri IV, Louis XIV, ne coïncident-elles pas avec la restauration et la pratique de cette loi ; ses périodes de décadence, sous les successeurs de Charlemagne, de St Louis, sous Charles VI, Henri III, Louis XV, pendant la grande Révolution et surtout à l'époque actuelle, avec l'oubli et la violation de ses préceptes ?

Il faudrait être aveugle ou de mauvaise foi pour le nier et je comprends que nos maîtres actuels, qui prétendent gouverner sans cette loi, s'efforcent, par tous les moyens en leur pouvoir, de supprimer une histoire qui les condamne et de ne la faire commencer qu'à l'inauguration des principes nouveaux.

Mais qu'ils le veuillent ou non, les faits restent et confirment la théorie.

Donc, dès l'origine de l'humanité, la Loi Morale s'est bien imposée à elle et elle n'a trouvé d'ordre, de paix et de progrès véritables que dans son observation, quelles qu'aient été d'ailleurs les formes de gouvernement.

Donc la restauration de la monarchie héréditaire ou de l'empire ne suffirait pas, à elle seule, pour sauver la France. Il faut, avant tout, que la Loi Morale soit restaurée.

Les formes de gouvernement ne sont, en réalité, que des moyens à l'aide desquels on arrive plus facilement à sa restauration et à son observation.

Ainsi, en résumé, on peut dire, d'une part, qu'aucune forme de gouvernement n'est capable, à' elle seule, de ramener l'ordre et la paix et, d'autre part, que la pratique de la Loi Morale seule suffit pour les assurer, quelle que soit la forme du gouvernement adoptée.

Le véritable remède est donc dans la restauration et la pratique de la Loi Morale.

2° *Rétablissement de la Loi Morale.* — Pour démontrer que la Loi Morale est, vraiment, le seul remède capable de préserver la France de l'effondrement final, il faut prouver :

Qu'elle existe réellement,

Quel est son auteur,

Que cet auteur est bien l'Être Souverain, ayant pouvoir de l'édicter,

Qu'elle correspond parfaitement à la nature de l'homme,

Qu'elle est invariable. Pourquoi et par quels moyens,

Que, suffisante dans le passé, elle le sera dans l'avenir.

a) Existence de la Loi Morale.

D'une façon générale, on ne peut nier que, dès son origine, l'humanité ait connu et pratiqué les principaux préceptes de la Loi Morale, ceux, notamment, relatifs au respect de l'autorité, de la famille, de la propriété, sans lesquels aucune société ne peut vivre.

Les philosophes matérialistes prétendent bien que ces notions ne se sont fait jour que peu à peu et à mesure que l'homme émergeait des limbes de la bestialité, mais ils sont obligés de reconnaître qu'à partir de la formation des sociétés les plus rudimentaires, ces préceptes ont été connus et appliqués.

Les spiritualistes affirment, au contraire, que cette loi, sous le nom de Loi Naturelle, a été connue et pratiquée au berceau même de l'humanité et que, si les préceptes en ont été plus ou moins altérés ou méconnus, cela tient aux migrations successives de familles qui, en s'éloignant du centre de création et aux prises avec les nécessités de l'existence, ont laissé s'altérer leurs traditions.

Nous n'avons pas à intervenir dans ce débat, il nous suffit seulement de constater que les uns et les autres sont d'accord pour reconnaître que ces principes essentiels ont été, à un moment donné, acceptés par tous les peuples qui sont sortis de la barbarie. De mieux en mieux connus et appliqués, ils ont contribué à leur civilisation et à leurs progrès.

Ce sont bien ces préceptes que l'on retrouve au fond de toutes les lois des empires Assyrien, Chaldéen, Egyptien, Persan, dans celles des républiques de la Grèce, de Rome et qui sont formulées dans le Décalogue imposé au peuple Hébreu.

Et, à partir de l'ère chrétienne, n'est-ce pas ce Décalogue même qui a servi de base à toutes les législations et ne sont-ce pas encore ses commandements qui restent, en France, les fondements de notre droit public et privé ?

La Loi Morale, dont il n'est que l'abrégé, existe donc bien, elle a vécu dans le passé, comme elle vit actuellement, et on peut affirmer, sans crainte d'être contredit, que jusqu'à présent, elle seule a créé toutes les civilisations.

La partie de l'humanité qui l'a oubliée est restée plongée dans la barbarie et, selon la formule de Le Play, celle qui l'a acceptée n'a prospéré que dans la mesure où elle l'a observée.

b) Quel est son auteur ?

Les matérialistes prétendent que la Loi Morale s'est organisée peu à peu selon les besoins et les intérêts de l'humanité. Ils affirment qu'à chaque phase de son existence, sa raison lui a démontré la nécessité d'obéir à certaines règles morales, si elle voulait vivre et prospérer.

Je crois qu'ils font une confusion.

Il est bien certain que, la réflexion et la conscience aidant, l'homme a pu reconnaitre la nécessité de pratiquer certains préceptes, mais, entre les reconnaître et les créer, il y a un pas immense et l'homme était incapable de le franchir.

Comment, en effet, à peine sorti de l'état sauvage qu'on lui attribue, aurait-il été capable de créer une loi réglant sa conduite, ses rapports avec ses semblables, réprimant ses passions, alors que toutes ses facultés étaient encore absorbées par la lutte pour la vie ?

Comment les divers groupes, fixés sur d'immenses espaces et à peu près sans rapports entre eux, auraient-ils pu se mettre d'accord pour adopter des préceptes et des sanctions'identiques ?

Comment auraient-ils tous admis le principe d'une autre vie où la vertu serait récompensée et le vice puni, l'existence d'un Être suprême souverain dispensateur des biens et des maux ?

Comment cette unanimité de croyances que l'on constate, ainsi, sur des points fondamentaux, déjà si étonnante, n'a-t-elle pas sombré lorsque chaque peuple s'est créé une loi spéciale correspondant à son milieu, à ses aspirations, à ses besoins ?

Or, elle s'est maintenue malgré tout.

On a bien essayé de le nier en citant des peuplades qui paraissent n'avoir aucune de ces croyances, mais ce n'est pas un argument solide, d'une part, parce qu'une étude plus attentive en a fait retrouver, chez la plupart d'entre elles, la notion souvent très nette, de l'autre, parce que leur méconnaissance, chez de rares groupements, tenus au dernier rang de l'échelle sociale par les nécessités de l'existence, n'infirme pas leur existence chez la majorité des autres.

L'observation des faits prouve donc, elle aussi, que les préceptes essentiels de la Loi Morale n'ont jamais varié, que ce sont toujours les mêmes qui ont été observés et qu'à toutes les époques de l'histoire, ils ont contribué à la prospérité des peuples.

Cette unité, cette stabilité de la Loi Morale sont si concluantes que beaucoup de philosophes matérialistes en sont venus à admettre, nous l'avons vu plus haut, que cette loi préexistait à l'humanité. Selon eux, elle ferait partie de ces lois éternelles et immuables qui règlent la marche du monde.

Je l'admets ; mais quelque préexistante qu'elle ait pu être, il faut bien qu'elle ait eu un commencement. Œuvre évidente de sagesse et de raison, puisqu'elle répond parfaitement aux besoins de l'humanité, elle n'a pu se créer toute seule, au hasard. Il a fallu, nécessairement, une intelligence supérieure pour en coordonner les principes, une activité féconde pour la mettre en action et une autorité souveraine pour assurer sa marche par des sanctions inévitables.

Son existence et son fonctionnement, au nom du simple bon sens, supposent nécessairement un auteur.

Or, n'est-il pas logique d'admettre que cet auteur n'est autre que le Créateur de l'humanité. Il serait déraisonnable de soutenir le contraire.

En effet, puisque l'horloger qui construit une montre, le mécanicien, une machine, leur donnent les rouages qui leur sont indispensables pour remplir le but qu'ils leur ont assigné, il est tout aussi logique de penser que le Créateur de l'humanité lui ait donné les moyens pour remplir le sien.

Or, ces moyens sont contenus dans la Loi Morale.

c) Existence et puissance du Créateur.

Je sais bien qu'on nie l'existence de ce Créateur.

Exposer tous les arguments qui prouvent cette existence, réfuter toutes les objections qui sont faites m'entraînerait trop loin. Ce serait sortir du cadre et des bornes modestes dans lesquelles je veux renfermer cette étude.

Il me suffira de dire que, si l'existence d'un auteur, pour la Loi Morale, est démontrée, elle l'est encore bien davantage en ce qui concerne l'humanité.

La Loi Morale, en effet, est une abstraction que rien, au premier abord, ne révèle aux sens et dont il faut démontrer l'existence par les effets.

L'humanité, au contraire, est un fait matériel difficilement contestable.

Son existence indéniable suppose donc, encore plus que celle de la Loi Morale, un auteur.

D'un autre côté, si l'univers, l'ordre qui y règne démontrent qu'une puissance, une intelligence, une sagesse souveraines ont présidé à son organisation, comment attribuer au hasard, ou à l'évolution de lois aveugles, la création de la nature humaine, qui, non seulement participe à la matière, à la vie végétative et à la vie animale, mais encore est animée par la force qui lui est propre, force dont les manifestations spéciales révèlent l'existence et en font une entité absolument distincte des précédentes.

Il faut donc admettre que la même Toute-Puissance intelligente et sage a créé l'âme humaine et a, en même temps, imposé à cette nouvelle force la loi qui devait la régir pour assurer l'ordre moral, tout comme les lois, qui régissent la matière et la vie, assurent l'ordre matériel.

L'auteur de la Loi Morale est donc le Créateur de l'homme.

Peut-il être étonnant, dès lors, qu'il lui ait donné les préceptes les mieux adaptés à sa nature, à ses besoins et qu'il les ait donnés tels qu'ils puissent, sans varier, suffire à toutes les phases de l'humanité.

En égard à sa puissance, à son intelligence et à sa sagesse, c'est le contraire qu'il serait déraisonnable de supposer.

N'y a-t-il pas là, d'ailleurs, ainsi que nous l'avons déjà remarqué, une question de justice ? N'était-il pas équitable que l'humanité, dont le but reste toujours le même, ait, dans le passé, le présent et l'avenir, les mêmes moyens pour le remplir ?

d) Correspondance de la Loi Morale avec la nature de l'homme.

Mais, dit-on, l'homme, étant raisonnable, n'avait pas besoin d'une règle de conduite. Il pouvait, à lui seul, se la tracer et s'y tenir.

Cela aurait été bien difficile, placé comme il l'était au milieu d'une nature fermée, hostile, dont il ignorait, dont il ignore encore la plupart des secrets.

Il était donc plus prudent de lui donner une loi pour diriger sa marche et le préserver des écueils.

Son auteur, au surplus, n'avait-il pas le droit de lui imposer la ligne de conduite qu'il jugeait bon ?

C'est, dans ces conditions, qu'il l'a créé et il lui a donné le pouvoir de raisonner, non pour les discuter, mais pour s'y soumettre consciemment et en avoir ainsi le mérite.

Il n'a pas excédé son droit et la soumission de l'homme à la Loi Morale est le premier de ses devoirs.

En exerçant ce droit, le Créateur a fait preuve de puissance et, en même temps, de souveraine sagesse. L'homme, en effet, a été doué d'instincts qui le poussent et l'aident à satisfaire à ses besoins.

Or, d'une part, ces besoins sont indéfinis et, de l'autre, ces instincts sont aveugles, il fallait donc une règle, soit pour modérer et diriger utilement la force d'impulsion de ces instincts, soit pour adapter la satisfaction des besoins aux forces de sa nature.

Même si l'homme avait eu la science et la force de volonté nécessaires pour faire l'un et l'autre, la Loi Morale aurait toujours été pour lui un guide utile. Mais il ne faut pas oublier qu'avec les défaillances du vice originel, il est d'autant plus porté à mésuser de sa liberté qu'il ne connait pas, le plus souvent, la limite à laquelle il doit s'arrêter pour ne pas excéder ses forces.

Il fallait donc que des préceptes précis, accompagnés de sanctions, le contraignissent à se renfermer dans les limites convenables.

C'est le service que lui a rendu le Créateur en le soumettant aux lois matérielles et à la Loi Morale.

Les instincts de l'homme impriment leur impulsion, les uns à sa nature matérielle, les autres à sa nature morale.

Les premiers sont principalement :

L'Instinct de reproduction,

L'Instinct de conservation,

L'Instinct de la propriété,

L'Instinct de l'intérêt privé ou Egoïsme.

Les seconds :

L'Esprit de religiosité,

L'Esprit d'ordre,

L'Esprit d'association,

L'Esprit de justice, de charité, de renonce ment,

L'Esprit de tradition,

L'Esprit de nouveauté.

L'observation des faits nous a fait constater qu'excité par la sensation voluptueuse, l'homme n'a pas la force de volonté nécessaire pour n'accorder à l'instinct de reproduction que les satisfactions proportionnées aux besoins de sa nature.

Il fallait donc une loi pour régler les manifestations de cet instinct et les renfermer dans de justes bornes. Les 3ᵉ, 4ᵉ et 5ᵉ préceptes de la Loi Morale y pourvoient.[1]

---

[1] 3ᵉ précepte : Détermination des limites dans lesquelles doit se renfermer l'instinct de reproduction.

4ᵉ précepte : Indissolubilité du lien conjugal. — Monogamie.

5ᵉ précepte : Pratique obligatoire de la tempérance.

L'Instinct de conservation pousse bien l'homme à travailler pour assurer son existence, mais l'égoïsme et la paresse l'empêchent de le faire au-delà de ce qui est nécessaire pour satisfaire ses besoins immédiats. Le 6ᵉ précepte lui apprend ce que doit être le travail et lui en impose l'obligation.

Le 5ᵉ précepte, en lui ordonnant la tempérance, met un frein aux excès qu'il pourrait commettre, soit pour la satisfaction de ses besoins matériels immédiats, soit pour amasser des richesses en prévision de ses jouissances futures.

L'intérêt privé, l'égoïsme le pousse à abuser des forces de ses semblables pour son profit personnel. Le 7ᵉ précepte modère cette tendance et la renferme dans de justes limites.[1]

L'instinct de propriété le pousse à s'attribuer ce qui ne lui appartient pas, le 8ᵉ précepte lui impose les bornes nécessaires.[2]

L'Esprit de religiosité l'incite à présenter ses hommages à toutes les forces qui peuvent lui être utiles ou nuisibles. Le 1ᵉʳ précepte lui apprend à qui il doit uniquement les adresser.

---

[1] 7ᵉ précepte : Respect de la vie humaine.
[2] 8ᵉ précepte : Respect de la propriété.

L'Esprit d'ordre lui démontre la nécessité de l'autorité. Le 2° précepte lui fait connaître la véritable source de cette autorité et lui impose la soumission indispensable au maintien de l'ordre.

Les 2°, 3°, 4° préceptes [1], en réglant les conditions d'existence de la famille, donnent, dans une juste mesure, satisfaction à l'Esprit d'association.

Les 2°, 6°, 7° et 8° préceptes [1] déterminent les limites dans lesquelles peuvent évoluer les autres formes qu'enfante l'Esprit d'association.

Celui de justice, de charité, de renoncement, qui trouve son application journalière dans l'individu, la famille, les associations et la Société, a ses règles dans le 9° précepte.

Enfin, l'ensemble des préceptes de la Loi Morale détermine les conditions licites dans lesquelles l'Esprit de tradition peut s'associer avec celui de nouveauté.

---

[1] 2° précepte : Respect et obéissance à ceux qui, dans la famille et la Société, représentent l'autorité légitime.

3° précepte : Détermination des limites dans lesquelles doit se renfermer l'instinct de reproduction.

4° précepte : Indissolubilité du lien conjugal. — Monogamie.

6° précepte : Pratique obligatoire du travail.

7° précepte : Respect de la vie humaine.

8° précepte : Respect de la propriété.

Pour que le progrès humain soit possible, il faut, en effet, que ces deux esprits agissent de concert et coordonnent leurs efforts. Si l'Esprit de tradition agissait seul, ce serait la routine, la stagnation dans l'état social. Si c'était l'Esprit de nouveauté, ce seraient l'instabilité, les à-coups, les entreprises téméraires qui domineraient et engendreraient le désordre.

Leur union est donc le principe de tout progrès et les préceptes de la Loi Morale, en en fixant les conditions, peuvent seuls en faire produire tous les fruits.

Ce rapide aperçu permet de mesurer le service que le Créateur a rendu à l'homme, en réglant ainsi l'impulsion de ses instincts. L'homme en étant incapable, Lui seul pouvait le faire utilement et exactement, puisque c'est Lui qui les lui a donnés.

Donc, en résumé, la Loi Morale correspond entièrement à la nature humaine et, logiquement, elle doit engendrer l'ordre et la paix dans la mesure même où elle est pratiquée.

e) Invariabilité de la Loi Morale.

La vérité absolue est toujours la même dans le passé, le présent et l'avenir. Si elle cessait de l'être, à l'un de ces moments, elle ne serait plus qu'une vérité relative.

La Loi Morale, étant une partie de cette vérité absolue, participe, par cela même, à son immutabilité. En fait, c'est ce qui a eu lieu jusqu'à présent.

Depuis l'origine de l'humanité, ce sont toujours les mêmes préceptes qui ont réglé sa marche.

Elle a toujours, dans son ensemble, reconnu l'existence d'un Dieu suprême et lui a rendu hommage.

La famille, les associations, les peuples n'ont été féconds, puissants et prospères qu'en se soumettant à cette Loi.

L'ordre n'a régné que par le même respect de l'autorité, de la vie humaine, de la propriété et la même pratique de la justice, de la charité et du renoncement.

Présentement, il n'y a rien de changé. Ce sont encore les mêmes préceptes, dont l'observation ou la violation engendre les mêmes résultats.

Rien, dans la nature et dans l'organisation humaine, n'indique qu'une modification va se produire.

S'il en était autrement, nous serions avertis.

L'histoire de l'humanité prouve que ces avertissements ne lui ont jamais manqué.

Dès le temps d'Abraham, Dieu n'a t-il pas fait connaître qu'il allait choisir le peuple Hébreu pour conserver et observer sa Loi ? N'est-ce pas à la suite de prodiges éclatants et dans des circonstances de solennelle et inoubliable grandeur, qu'il en a, sur le Sinaï, rappelé et promulgué les essentiels préceptes ?

Et lorsqu'il a voulu, en la complétant, ouvrir à l'humanité, une ère nouvelle, n'a-t-il pas, dès l'origine, promis et de tout temps renouvelé la promesse de la venue de celui qui devait l'inaugurer ?

S'il a donné de tels avertissements pour de simples rappels à l'observation de la Loi Morale, peut-on supposer qu'il n'en donnerait pas de plus précis et de plus énergiques s'il voulait la modifier ?

Les faits confirment donc bien la théorie. La Loi Morale reste invariable et continuera à régler, dans l'avenir, comme elle l'a fait dans le passé, les destinées de l'humanité.

f) Suffisance de la Loi Morale dans l'avenir.

Mais, objecte-t-on, si la Loi Morale a pu, à la rigueur, suffire dans le passé, il est manifeste qu'elle devient insuffisante en présence de la situation créée par les découvertes modernes et l'évolution sociale qui en est la conséquence.

Cette insuffisance ne fera que grandir avec celles que promet l'avenir.

Les découvertes modernes n'aboutissent, en réalité, qu'à mieux et plus facilement satisfaire les besoins, sans les régler ni les modérer. Les abus pourront devenir plus faciles et plus étendus.

L'application des préceptes de la Loi Morale deviendra donc d'autant plus nécessaire.

Quant à l'évolution sociale, qu'elle concerne les classes d'une même nation, ou l'ensemble des peuples, plus elle multipliera les contacts, compliquera les relations, étendra les champs d'influence, plus les préceptes de la Loi Morale sont nécessaires pour qu'elle s'opère pacifiquement.

Mais si les préceptes doivent rester les mêmes, ce qui peut se modifier, dans l'avenir, comme cela s'est modifié dans le passé, ce sont leurs conséquences et les moyens de les appliquer.

Ces derniers ont varié sans cesse, chaque peuple employant ceux qui répondent aux besoins que fait naître son état de civilisation.

Ces moyens sont créés et mis en œuvre, d'abord par les coutumes, la tradition orale, puis par les lois écrites.

C'est ainsi que nous voyons, peu à peu, se déterminer les formes du culte à rendre à la Divinité, se constituer la famille, s'affirmer le respect de la propriété et de la vie humaine, se fixer les conditions du travail, selon des modes particuliers à chaque peuple.

Vagues d'abord, ces modes se précisent, à mesure que la lutte pour la vie diminue d'intensité, que la conscience s'éveille dans chacun d'eux et ceux que les circonstances favorisent, ne tardent pas à devancer les autres.

Sans doute, il y a bien des erreurs, des sévérités outrées, des cruautés inutiles, mais ces défauts se corrigent, les lacunes se comblent sous la poussée de l'expérience, de l'observation et de l'esprit de justice qui dirige, de plus en plus, l'ensemble de l'humanité.

C'est ainsi qu'on arrive à l'épanouissement des civilisations antiques.

Pour monter plus haut et arriver à la civilisation moderne, il a fallu la remise en lumière des préceptes oubliés, négligés ou mal appliqués.

Leur rappel, joint à une notion plus exacte de la Divinité et des hommages à lui rendre, à une interprétation et à une observation meilleure des autres préceptes, a permis à l'humanité de franchir de nouvelles étapes et de réaliser les progrès moraux et sociaux dont nous sommes les observateurs pour le passé et les témoins dans le présent.

Dans l'avenir, elle en franchira certainement d'autres par une interprétation de la Loi Morale poussée plus avant et par l'application de moyens de la mettre en œuvre appropriés aux besoins nouveaux que feront naître les progrès modernes et les découvertes futures.

En résumé, si les principes essentiels de la Loi Morale ont pu, dans la suite des temps, être précisés par leur auteur, pour correspondre aux besoins de l'humanité et lui permettre de leur donner une satisfaction légitime, il est certain qu'ils n'ont jamais varié.

Grâce à la variété des moyens d'application, qui est indéfinie, elle a pu et pourra toujours assurer le progrès et la paix.

Elle remplit complètement son but, puisqu'elle correspond à tous les instincts de la nature humaine.

Son respect et son observation sont donc les seuls moyens à l'aide desquels les nations peuvent avoir la prospérité et la paix, ou les recouvrer si elles les ont perdues.

La France, qui, hélas ! ne les a plus, doit donc revenir à ce respect, à cette observation.

CHAPITRE II

Réponse à de graves objections.

Avant de rechercher les moyens propres à opérer cette restauration, il importe, pour ne rien laisser dans le vague, de résoudre encore les objections suivantes :

Pour être efficace, la Loi Morale doit avoir des sanctions. Or on ne les voit pas pour plusieurs de ses préceptes. Si elles existent, quelles sont-elles ? Qui est chargé de les appliquer ?

Pour ne jamais être altérée par l'ignorance, la passion ou l'intérêt, elle doit avoir un gardien. Quel est-il ?

Dans son application, il peut se présenter des cas douteux ou obscurs.

Qui est chargé de les résoudre ou de les éclaircir ?

Ces objections sont graves car, non résolues, elles ne tendraient à rien moins qu'à enlever toute autorité à la Loi Morale. Elles doivent donc l'être nettement.

§ I. — *Sanctions de la Loi Morale.*

La Loi Morale a certainement ses sanctions. On ne comprendrait pas, en effet, que le Créateur, tout puissant et sage, ait édicté une règle qu'il jugeait nécessaire, pour la voir impunément violée.

Or, ces sanctions existent et elles sont de deux sortes. Les unes sont appliquées par le Créateur lui-même, les autres par l'autorité humaine.

Les premières sont doubles :

Ainsi que nous l'avons déjà constaté, l'observation des faits prouve que, dès ce monde, la violation des préceptes de la Loi Morale par la famille, les associations et les peuples est punie, à plus ou moins brève échéance, mais d'une façon

certaine, par la stérilité, l'impuissance, le désordre, la décadence et la dissolution finale.

Pour l'individu, cette même répression existe
par la maladie, la ruine morale, physique, matérielle et la mort, mais il y a des exceptions et
ces exceptions, impunies, constitueraient non seulement une lacune déplorable, mais aussi une in-
justice criante. Elles appellent donc nécessairement une répression dans la vie future.

Ainsi, cette sanction se trouve déjà justifiée
par le sentiment de justice inné au cœur de
l'homme, mais, en plus, l'observation prouve
que la croyance, en sa réalité, a ses racines dans
les plus universelles et anciennes traditions de
l'humanité.

Tous les peuples ont, plus ou moins nettement, cru que, dans la vie future, chacun sera
jugé selon ses œuvres et que la violation ou
l'observation des préceptes de la Loi Morale sera
infailliblement punie ou récompensée.

Cette sanction, appliquée ainsi par le Créateur
lui-même et à laquelle personne ne pourrait
échapper, serait suffisante si tous étaient bien
convaincus de sa réalité et l'avaient toujours
présente à la mémoire.

176

Mais, comme elle n'a pas son effet dans la vie actuelle, que rien ne la révèle, beaucoup la nient et d'autres l'oublient. Il faut donc que d'autres, plus immédiates et ayant leur effet ici-bas, la remplacent.

Ce sont celles de l'Autorité humaine, lorsqu'elle accepte la Loi Morale.

Elle comble la lacune, fait en cela un usage légitime de la force matérielle qu'elle peut exercer et s'acquitte ainsi d'une partie essentielle du rôle que lui a assigné le Créateur.

Tous les Gouvernements, vraiment dignes de ce nom, ont tenu à le remplir, au moins en ce qui concerne les préceptes les plus essentiels.

Aussi, dans toutes les Sociétés bien ordonnées, voit-on, de nos jours comme autrefois, des peines édictées contre les violateurs, notamment des 1er, 2e, 3e, 6e, 7e et 8e préceptes.[1]

---

[1] 1er *Précepte :* Respect, obéissance, hommage au Créateur. (Lois sur le repos du Dimanche).

2e *Précepte :* Respect et obéissance à ceux qui, dans la famille et la Société, représentent l'Autorité légitime. (Code Civil, Livre 1er, Titre IX. Code Pénal, Livre 3e, Titre I, Chapitres I, II, III, Sections III, IV).

3e *Précepte :* Détermination des limites dans lesquelles doit se renfermer l'instinct de reproduction. (C. C. Liv. 1er, Tit. V, VII. C. P. Liv. 3e, Chap. I, Section IV).

6e *Précepte :* Pratique obligatoire du Travail. (C. P. Liv. 3e,

Etant chargée d'appliquer les peines matérielles, l'Autorité humaine est libre de les déterminer et d'organiser la répression. C'est à elle à
la proportionner de façon à satisfaire la justice
et à défendre efficacement l'ordre social.

Toutefois, ce n'est que peu à peu que l'Autorité humaine a pris conscience de ce droit et de
ce devoir, qu'elle a édicté des peines vraiment
justes et efficaces et qu'elle a institué, pour les
appliquer, un pouvoir judiciaire, présentant
toutes les garanties d'impartialité voulues.

Quant aux sanctions de la vie future, le Créateur a organisé lui-même le pouvoir chargé de
les faire connaître et d'en faire comprendre à la
fois la justice et la rigueur.

§ II. — *Maintien de l'intégrité et de la pureté de la Loi Morale.*

Avec les défaillances du vice originel, il est

Tit. I, Chap. III, Sect. V. Lois sur l'organisation du Travail, qui
reconnaissent implicitement son existence et sa nécessité).

7ᵉ Précepte : Respect de la vie humaine. (C. P. Liv. 3ᵉ, Tit. II,
Chap. I, Sect. I, II, III, VII. Lois récentes sur l'organisation du
Travail).

8ᵉ Précepte : Respect de la propriété. (C. C. Liv. 2ᵉ, Tit. I, II,
III, IV. C. P. Liv. 3ᵉ, Tit. II, Chap. II).

facile de comprendre que l'intérêt personnel, la passion, l'ignorance auraient bien vite altéré la pureté des préceptes. Il fallait donc, de toute nécessité, quelqu'un qui veillât au maintien de l'intégrité de la Loi Morale.

Dans les premiers âges, il apparaît que c'est le Créateur qui s'est constitué lui-même le gardien et le vengeur de sa Loi. L'ensemble de l'humanité a toujours eu conscience de son rôle de Justicier.

C'est ainsi qu'elle a attribué à ses prévarications la fin de l'âge d'or, spécifié dans la Bible par l'exode du Paradis terrestre, le déluge universel, la dispersion des peuples.

Plus tard, des hommes, inspirés directement par le Créateur, sont venus rappeler, aux peuples et aux rois, les préceptes oubliés ou violés et leur annoncer la punition qui allait suivre.

Puis, les erreurs, les cas douteux se multipliant dans l'humanité entière, il a constitué un gardien permanent chargé de redresser ces erreurs, d'élucider ces cas et d'indiquer, entre les moyens d'appliquer les préceptes, ceux qui étaient licites ou non.

Ce rôle a été attribué à l'Église catholique et, plus particulièrement, à la Papauté.

Nous vous y prenons, diront quelques lecteurs. Vous voulez, purement et simplement, nous ramener, comme au Moyen-Age, sous la domination de l'Eglise, dont le monde moderne a eu tant de peine à s'affranchir.

C'est le parti-prêtre qui va revenir au pouvoir et l'on ne tardera pas à voir renaître l'Inquisition et l'obligation des billets de confession.

A quoi bon un livre pour rééditer un moyen archi-connu, usé, démodé, condamné par la raison et dont tout homme suffisamment instruit ne veut plus !

Tout d'abord, répondrai-je, la domination de l'Eglise et le parti-prêtre, comme vous le dénommez, pouvaient avoir leurs inconvénients, mais, sincèrement, en voyant ce qui se passe aujourd'hui, je me demande si les inconvénients du gouvernement, que nous avons, ne sont pas encore plus grands et s'il n'était pas préférable de vivre sous la houlette des Evêques que sous la trique des Francs-Maçons.

Mais, sans aller plus loin sur ce point, où il y aurait, cependant, beaucoup à dire, je puis affirmer, et surtout démontrer, que si le moyen est connu, j'en propose une application qui, en déterminant nettement la sphère d'action dévolue à l'Autorité civile, la laisse absolument indépendante dans ce domaine, où elle pourra, en toute liberté et sans craindre les soi-disant empiétements de l'Eglise, procéder à tous les actes de gouvernement qui lui paraîtront nécessaires, ou simplement utiles, pour maintenir l'ordre et la paix.

Lorsque le Créateur eût cessé de maintenir, par lui ou ses envoyés directs, l'intégrité de la Loi Morale, l'histoire nous montre dans quelle décadence profonde et irrémédiable le monde ancien ne tarda pas à tomber.

La paix Romaine s'était, il est vrai, imposée par la force à l'univers civilisé, mais elle n'était qu'une façade. Au fond, le désordre, dans les idées et les mœurs, était à son comble, toutes les bases de l'édifice social, ébranlées ou détruites, laissaient prévoir un prochain effondrement. C'était la dissolution finale, à moins qu'un événement imprévu ne vint en préserver l'humanité.

Les philosophes, les historiens, les poètes eux-mêmes l'appelaient de leurs vœux et le monde, on peut le dire, était dans l'attente, lorsque, dans une bourgade ignorée d'une des plus pauvres provinces de l'empire, naissait celui qui devait renouveler la face de la terre.

Il lui apportait, en effet, le salut, non en instituant un ordre nouveau, ou des préceptes inédits, mais en remettant en vigueur, à côté de ceux qui avaient permis aux Sociétés antiques de subsister, les préceptes de la Loi Morale oubliés et violés depuis longtemps.

Il restituait, en effet, à la nature Divine son véritable caractère. Il indiquait le seul culte digne d'Elle, en déclarant qu'elle voulait être honorée, non par des rites et des formules, mais en esprit et en vérité.

Il reconstituait la famille en rappelant l'indissolubilité de l'union conjugale unique et les limites dans lesquelles devait se renfermer l'instinct de reproduction.

Il rendait à l'autorité humaine son prestige et sa vraie force, en la rattachant à celle du Créateur et en déterminant ses limites.

Il restaurait la loi du travail, en le déclarant obligatoire pour tous.

Enfin, par un précepte formel, il rendait à la loi de justice, de charité et de renoncement ce que les hommes lui avaient retranché et lui redonnait, ainsi, l'ampleur nécessaire à la vie sociale et au progrès.

En même temps qu'il rétablissait la Loi Morale dans son intégrité, il fondait l'institution qui devait en avoir le dépôt et la garde, lui donnait un chef, spécialement chargé de l'interprétation et assuré de ne se tromper jamais, toutes les fois qu'il parlerait en son nom.

Ne m'occupant pas du côté religieux de la question, mais seulement du côté social, ce serait sortir du cadre, que je me suis tracé, que d'essayer de démontrer la Divinité du restaurateur de la Loi Morale, la réalité de sa mission, le pouvoir qu'il avait de fonder cette Société complète qu'on appelle l'Eglise Catholique et de donner, à son Chef, le pouvoir infaillible d'interpréter la Loi Morale.

D'autres l'ont fait d'une façon complète et c'est à eux que je renvoie le lecteur.

Qu'on me permette seulement de faire remarquer que les faits qui se sont produits pendant sa vie, ceux qui ont accompagné sa mort et ceux qui les ont suivis démontrent bien la réalité de la mission qu'il affirmait avoir reçue.

On a beau ergoter, discuter, nier même, il se dégage, de leur ensemble, une preuve que le simple bon sens rend impossible à combattre.

Ainsi, pour démontrer qu'il avait bien tout pouvoir pour rendre à la Loi Morale son intégrité première, non seulement il affirme qu'il est le fils de Dieu, égal à son père, mais, surtout, il le prouve, en suspendant le cours des lois qui régissent la matière et la vie, d'un mot ou d'un geste guérissant les malades, rendant la vue aux aveugles, l'ouïe aux sourds, l'usage de leurs membres aux perclus, ressuscitant les morts et, enfin, se ressuscitant lui-même.

Pour démontrer que tout homme doit obéir aux préceptes qu'il remettait en vigueur, il s'y soumet tout le premier et d'une façon parfaite. Il rend à Dieu l'hommage vrai qu'il exige et le prie en esprit et en vérité. Il vit de la vie de famille et accepte l'autorité de son chef, auquel il reste soumis pendant trente ans.

Il respecte le Gouvernement établi et défère, respectueusement, à tous ceux de ses ordres qui ne sont point contraires à la Loi Morale.

Il exerce, pendant la majeure partie de sa vie, un des métiers les plus humbles, interprétant et acceptant ainsi le précepte dont il rappelait l'observation.

Enfin, tous ses actes montrent une pratique parfaite du précepte de justice et surtout de Charité et de renoncement, sur lequel il fondait la prospérité future des familles et des peuples.

La vérité de sa mission ne ressort-elle pas irrésistiblement du contraste entre la simplicité, l'humilité même dirai-je, des moyens employés et la grandeur des résultats obtenus ?

Au lieu de naître dans un palais, de s'environner de la puissance utile pour imposer sa volonté, il se confine dans un milieu obscur, il mène une vie pauvre. Pendant trois ans, seulement, il publie sa doctrine et s'adresse surtout au peuple, soulevant la colère, la haine des riches, des savants, dont il démasque les vices et qu'il accuse devant tous, de violer les préceptes de la Loi. Il laisse discuter son œuvre par ses ennemis, qui le condamnent et le font mettre, ignominieusement à mort, sans qu'en apparence il ait fait prévaloir sa doctrine.

Humainement parlant, une pareille fin devait marquer la ruine irrémédiable de son œuvre.

Que pouvaient faire ses partisans les plus

zélés ? Leurs chefs, les douze disciples choisis par lui comme dépositaires de sa doctrine, n'étaient que d'obscurs citoyens, sans crédit, sans appui, sans fortune, ayant contre eux ceux qui détenaient la puissance politique et religieuse de la Nation.

Et, cependant, l'histoire est là pour l'attester, ils n'ont pas hésité à publier partout la doctrine nouvelle et à sacrifier leur vie pour en attester la vérité.

Les semences, qu'ils avaient ainsi jetées, n'ont pas tardé à lever, à fructifier, et malgré trois siècles de menaces, de violences, de persécutions de tous genres, elle s'imposait à l'Univers civilisé, adoucissant les lois, réformant les mœurs, reconstituant la famille, apprenant aux maîtres du monde eux-mêmes, les Césars, que leur autorité, illimitée jusque-là, devait, dorénavant, s'incliner devant la Loi Morale.

On aurait pu croire qu'une victoire si complète aurait, ainsi qu'il arrive trop souvent, éteint l'ardeur des convictions et affaibli le zèle. Il n'en a rien été. Au contraire, nous voyons toujours la même doctrine, plus forte et plus vive, s'imposer aux barbares, les organiser en nations, jeter les

186

fondements de civilisations basées sur les préceptes
de la Loi Morale restaurée et dont celles, au
milieu desquelles nous vivons, ne sont que la
conséquence logique et l'épanouissement naturel.

Ces faits indéniables ne prouvent-ils pas, à la
fois, et la réalité de la mission du Restaurateur de
la Loi Morale et l'efficacité, toujours souveraine,
de cette loi ?

Ne prouvent-ils pas aussi que le Créateur a,
jusqu'à présent, voulu son maintien ?

Mais ce ne sont pas les seules preuves qui
ressortent de ces faits, il en résulte encore que le
Restaurateur de la Loi Morale, en fondant l'Eglise
catholique, a créé un organisme nouveau, chargé
du soin de maintenir l'intégrité de cette loi et de
l'interpréter.

C'est bien l'Eglise, en effet, qui, d'abord a pris
la tête du mouvement, inculqué aux peuples les
préceptes de la Loi, indiqué les moyens de les
mettre en pratique dans la famille, les associations
et la Société. Non seulement, elle les a indiqués,
mais, presque toujours, elle a pris elle-même
l'initiative de les employer.

Pendant tout le Moyen-Age elle a joué ce rôle à
la tête de ce qu'on appelait la Chrétienté et le

Pape, son chef, exerçait sans conteste la suprême autorité au point de vue politique, aussi bien qu'au point de vue religieux.

A mesure que les nations, ainsi façonnées et éduquées par l'Eglise, ont pris conscience de leur force, elles ont cru pouvoir s'affranchir de sa tutelle.

Ce passage à la liberté politique, qui aurait pu s'effectuer loyalement et d'accord avec l'Eglise, a été, presque partout, l'objet de luttes provoquées par les passions, l'ignorance et la mauvaise foi.

La plupart des Gouvernements, abusant de la force matérielle qu'ils détiennent, n'ont pas hésité à franchir les limites dans lesquelles l'Eglise aurait pu les laisser évoluer librement, à empiéter sur ses droits et à essayer même de l'asservir, pour en faire un instrument de domination à leur profit.

D'un autre côté, certains membres du clergé, soumis, comme les autres hommes, aux défaillances du vice originel, ont défendu, quelquefois avec trop d'âpreté, des situations profitables pour eux et que légitimaient, à leurs yeux, de longues traditions.

Il en est résulté des conflits dans lesquels se

sont obscurcis les principes sur lesquels reposent les droits de l'Eglise et ceux du pouvoir laïque.

La crise du protestantisme, en contestant l'autorité religieuse de l'Eglise, a rendu ces conflits plus graves encore et les audacieuses négations modernes les ont poussés à l'état aigu.

De là vient l'état de méfiance et souvent d'hostilité qui règne entre les deux pouvoirs.

Est-ce là l'état normal ?

Assurément non, car s'il devait durer, c'en serait fait de la paix sociale.

C'est une illusion de l'autorité laïque de croire qu'elle peut asservir l'Eglise, au besoin par la force.

C'est impossible parce que l'Eglise a reçu une vie spéciale, qui échappe aux contraintes matérielles, reçu une organisation complète, qui lui permet de fonctionner sans secours étrangers, un champ d'action placé en dehors et au-dessus des intérêts dont les gouvernements laïques ont la garde et, enfin, une autorité qui ne dérive d'aucun pouvoir humain.

Ces prérogatives, elle les tient directement de son fondateur. Or, comme ce fondateur est en même temps le créateur de l'humanité, il avait le droit et le pouvoir d'en imposer le respect à cette dernière.

Donc, si elle veut éviter les conflits, l'autorité laïque, qui est de création humaine, doit les respecter et, par conséquent, non seulement laisser vivre l'Eglise avec la liberté qui lui est nécessaire pour remplir sa mission, mais, au besoin, l'aider dans la mesure utile et convenable.

De son côté, l'Eglise devra respecter la liberté de l'autorité laïque dans le champ d'action qui lui est réservé.

En conséquence, elle la laissera organiser à sa guise le fonctionnement extérieur de la famille, des associations, la forme et le mode de gouvernement, se bornant à déclarer que tels ou tels moyens adoptés sont prohibés par la Loi Morale et à condamner leur emploi, si, après avertissement, on y persiste.

Strictement, elle pourrait s'en tenir là, mais elle a aussi mission d'indiquer et même d'employer les moyens qui lui paraissent les meilleurs. C'est une faculté, dont elle peut user ou non, selon les milieux, les temps et la nature des relations qu'elle entretient avec l'autorité laïque.

En théorie, la situation est donc très nette au point de vue social et politique, le seul qui nous préoccupe, chaque pouvoir restant dans ses attributions, la paix règnera certainement.

Ce serait parfait si, en pratique, il en était toujours ainsi, mais malheureusement cela n'est pas, parce que le champ d'action, sur lequel ils exercent leurs droits respectifs, est l'indivisible personnalité humaine.

Toutes les mesures qu'ils prennent, tous les actes de l'homme, qui en sont la conséquence, mettent en jeu à la fois, plus ou moins, mais inévitablement, sa double nature et provoquent entre eux des rapports forcés.

Il faut donc, de toute nécessité, pour le bon ordre, les prévoir et les régler.

Du côté de l'Eglise, c'est fait depuis long-temps. Elle les désire loyaux et pacifiques. Elle demande la liberté nécessaire pour vivre de sa vie propre et remplir sa mission. Elle demande aussi que l'autorité laïque prête l'aide de sa force matérielle pour assurer l'observation de la Loi Morale.

Quant au reste, elle laissera cette autorité libre d'organiser à sa guise le gouvernement extérieur de la famille, des associations, de l'Etat, ainsi que l'exercice des contraintes matérielles.

Peu lui importe la façon dont l'accord sera constaté ; que ce soit par des coutumes traditionnelles, se modifiant selon les nécessités des temps, ou par des traités écrits, pourvu qu'il soit certain et constant.

Prête à donner des conseils sur les moyens employés, elle saura s'abstenir pour se borner à son rôle de gardienne vigilante de la Loi Morale, se contentant d'avertir lorsqu'elle est violée et usant, au besoin, des contraintes spirituelles, dont elle dispose, contre ceux qui persistent dans la violation qu'elle a condamnée.

C'est, en somme, l'attitude qu'elle a le plus souvent gardée à travers les âges et, s'il y a eu des incorrections, des exagérations commises, il faut les attribuer, non à l'Eglise elle-même, mais à des personnalités, qui, sous l'empire des défaillances du vice originel, ont dépassé les bornes de leur mandat.

L'Autorité laïque n'a pas toujours apporté la même mesure et la même bonne volonté dans ses rapports avec l'Eglise. Souvent, elle l'a considéré comme une ennemie qu'il fallait combattre ou un tyran dont il fallait secouer le joug.

Souvent aussi, elle a essayé de l'asservir pour faire tourner l'empire qu'elle a sur les âmes au profit de ses desseins.

Quelquefois, elle s'est bornée à lui assurer, seulement, le bénéfice du droit commun et à ne lui accorder que les mêmes avantages qu'aux autres cultes. Quelquefois encore, elle a voulu l'ignorer complètement.

Etant donné les points de contacts forcés, qu'elle a avec elle, cette dernière attitude est absolument impossible à maintenir. La preuve en est dans l'embarras où se trouve, actuellement, le Gouvernement français, qui a voulu l'adopter, et dans les contradictions choquantes dans lesquelles il tombe tous les jours. Jamais, peut-être, il ne s'est autant préoccupé des agissements des catholiques, que depuis qu'il a officiellement rompu tout rapport avec leur Chef.

Quant à la prétention de l'Autorité laïque de n'accorder à l'Eglise catholique que la protection qu'elle accorde aux autres cultes, elle paraît logique au premier abord, empreinte d'une saine tolérance et conforme aux progrès modernes.

Aussi est-elle soutenue par beaucoup de bons esprits. Il suffit, cependant, de quelques instants de réflexion pour voir qu'elle est mal fondée.

En effet, pour adopter cette solution, il faut admettre que tous les cultes sont sur le même pied, que tous possèdent la vérité entière et que tous sont, au même titre, les gardiens de la Loi Morale.

Or cela est impossible.

En effet, ou chacun d'eux présente ces caractères et alors ils se confondent et n'en font qu'un en réalité, ou il y en a un seul qui les possède et celui-là, seul, a droit à la protection.

L'Eglise catholique est la seule Religion qui ait, toujours et nettement, affirmé posséder la vérité tout entière et avoir seule, à l'exclusion de toute autre, la garde de la Loi Morale. Aucun autre n'a osé afficher de pareilles prétentions.

Elles étaient bien téméraires et cependant l'Eglise catholique les a émises dès l'origine et, depuis 1900 ans, elle les maintient sans restrictions, conservant, dans sa pureté et son intégrité, la Loi Morale telle qu'elle l'a reçue à son berceau.

Elle a donc incontestablement droit à une situation particulière.

194

Est-ce à dire que l'Autorité laïque ne doit reconnaître qu'elle et prohiber les autres cultes ?

Théoriquement, c'est ce qui devrait être pour être logique ; mais, dans la pratique, c'est bien difficile, parce que l'Autorité laïque doit respecter la liberté de conscience et n'empêcher personne de suivre le culte que, de bonne foi, il estime le meilleur.

Elle doit donc les tolérer, mais sans leur accorder d'autres avantages que ceux qu'elle reconnaît aux associations ordinaires.

Autre devra être son attitude vis-à-vis de l'Eglise catholique.

Quelle sera-t-elle ? Quels seront la nature des rapports qu'elle entretiendra avec elle ? C'est le point délicat !

Les uns veulent que l'attitude soit courtoise et loyale sans doute, mais que les rapports aient lieu sur le pied de la plus parfaite égalité. Ils résument leur opinion dans la formule : l'Eglise libre dans l'Etat libre.

Cette attitude serait possible si l'Autorité laïque reconnaissait, en principe, le droit qu'a l'Eglise catholique de maintenir, d'interpréter la Loi Morale et s'engageait à déférer à ses observations sur ce point. Mais ce n'est point ce qu'admettent les partisans de la formule précitée.

Ils veulent bien laisser l'Eglise libre d'agir, d'exercer son culte, d'instruire les fidèles, de faire même des prosélytes, mais ils lui dénient, complètement, le droit d'ingérence dans les affaires de l'Etat, ne serait-ce même que pour l'avertir qu'il viole la Loi Morale par certaines mesures qu'il prend. Ce serait, selon eux, reconnaître une suprématie, rompre l'égalité, nuire à l'indépendance qui doit présider à leurs rapports et, inconvénient plus grave, ce serait permettre à la Papauté de s'immiscer dans le gouvernement de la nation et faire des Français les sujets de Rome.

Ces objections sont basées sur une inexacte compréhension du rôle social de l'Eglise catholique.

Ce rôle, je l'ai établi et démontré, consiste à maintenir, toujours et partout, la pureté de la Loi Morale, à avertir des manquements, à interpréter les cas douteux et à appliquer, aux récalcitrants, fussent-ils les gouvernants eux-mêmes, les contraintes dont elle dispose pour les ramener à l'observation de la Loi Morale, laissant d'ailleurs chaque gouvernement libre d'employer les moyens qu'il croit les meilleurs, et de changer, comme il l'entend, ceux qu'Elle a déclaré tendre à sa violation.

En quoi empiète-t-elle, par là, sur le terrain réservé à l'Autorité laïque ? En quoi attente-t-elle à son indépendance ? En quoi manifeste-t-elle l'intention d'exercer une suprématie quelconque ?

Elle remplit un devoir que son fondateur lui a imposé, tout comme il a imposé à l'Autorité laïque le devoir corrélatif de suivre ses directions en ce qui concerne la Loi Morale.

L'empêcher de remplir ce devoir, c'est attenter à sa liberté, c'est s'immiscer sur le terrain qui lui est réservé !

C'est donc l'Autorité laïque qui outrepasserait ses droits et non l'Eglise.

Elle arriverait, en effet, grâce à la force matérielle dont elle dispose, à avoir le dernier mot dans tout ce qui concerne l'observation de la Loi Morale. Or, comme il est certain qu'elle n'a pas reçu la promesse, faite seulement à l'Eglise et à son Chef, de ne pas errer, on voit de suite ce

que deviendrait l'intégrité de la Loi, non seulement dans le monde, mais même au sein de
chaque nation.

L'histoire est là pour le démontrer.

Il faut donc, pour que les nations puissent
vivre en paix et prospérer, que le Pape, commis
par le Créateur pour le remplacer dans la garde
et l'observation de la Loi Morale, puisse remplir sa mission et l'Autorité laïque doit accepter
sa direction dans les conditions indiquées ci-
dessus.

En résultera-t-il les inconvénients redoutés par
les partisans de l'Eglise libre dans l'Etat libre ?

En aucune façon. Sans doute l'Autorité laïque
sera tenue d'accepter la direction en ce qui concerne la validité et l'interprétation des préceptes
de la Loi Morale, mais cela ne peut rien avoir
d'inquiétant pour elle, d'abord parce que, déten-
trice de la force matérielle, elle peut toujours
rester libre et maîtresse de ses actes et qu'ainsi
elle fait plutôt un acte de déférence que de subordination, ensuite parce que ses gouvernés, qui
acceptent les directions de Rome, les acceptent
pour leur for intérieur surtout, mais n'en restent
pas moins, pour leur for extérieur, ses sujets,

tenus de lui rester soumis et de lui obéir en tout ce qui n'est pas formellement contraire à la Loi Morale.

Cela non plus n'a rien d'humiliant, puisque cela a été organisé, non par l'Église, mais par le Créateur, maître de l'imposer aux deux parties.

J'ajoute enfin, et cela pourra révolter ou surprendre, au premier abord, ceux qui la nient ou s'en inquiètent, que cette organisation était nécessaire.

Placé, en effet, sous l'unique domination de l'Autorité laïque, l'homme se serait vu contraint, sans recours possible, d'obéir à des lois qui peuvent n'être que l'expression de caprices ou de vengeances. C'est ce qui a eu lieu pendant toute l'antiquité et même, depuis l'ère chrétienne, partout où le Chef de l'État incarne l'Autorité divine et humaine.

Il fallait donc, pour assurer le respect de la dignité de l'homme et sa liberté, qu'une Autorité plus haute, dégagée de tout intérêt matériel, indépendante de tout pouvoir humain et capable de s'adresser à tous également, pût rappeler au respect de la Loi Morale et servir d'appui efficace à tous les opprimés. C'est à ce besoin que correspond la situation de l'Eglise et de l'Autorité laïque. Et, s'ils y réfléchissent, ses détracteurs, au lieu d'y voir une cause de trouble, y découvriront, au contraire, une admirable mesure du Créateur pour sauvegarder la liberté humaine et assurer, en même temps, l'ordre, la paix et le progrès social.

Les rapports de l'Autorité laïque avec l'Eglise peuvent être réglés, nous l'avons vu, soit par des traités formels, soit par des coutumes traditionnelles.

A notre époque, c'est le premier mode qui prévaut. Il a ses avantages, mais aussi ses inconvénients. Si, en cas de difficultés, la bonne foi et la loyauté ne sont pas entières, on ergote sur les textes, et l'Autorité laïque, trop souvent, impose son interprétation, entravant quelquefois ainsi l'action de l'Eglise.

D'autre part, lorsque, par suite des circonstances, il y a lieu de modifier le traité, on hésite, on retarde le plus qu'on peut, on prend l'habitude d'en violer quelques articles, d'en considérer d'autres comme lettre morte, ce qui amène, peu à peu, à le considérer tout entier comme inexistant.

Les coutumes traditionnelles, loyalement pratiquées, valent peut-être mieux.

Elles se modifient insensiblement, selon les besoins et le terrain d'entente se trouve tout naturellement. Sans doute, il y aura des conflits. c'est inévitable, mais, si l'Autorité laïque est animée d'intentions véritablement conciliantes, elle trouvera toujours l'Eglise prête à faire toutes les concessions compatibles avec son devoir.

Le dernier concordat, qui a régi, pendant plus d'un siècle, ses rapports avec la France, en est la preuve évidente.

En admettant que l'Autorité laïque veuille respecter les droits de l'Eglise, doit-elle déclarer la Religion catholique Religion d'Etat ?

Evidemment, elle le peut, et cette reconnaissance, qui consacre, aux yeux de la nation, l'accord complet qui règne entre les deux pouvoirs, peut avoir d'heureux effets.

Mais elle n'y est pas tenue. Il suffit qu'elle reconnaisse ses droits de gardienne et d'interprète de la Loi Morale, qu'elle suive ses directions en cette matière, qu'elle proclame et respecte son entière liberté, soit pour vivre de sa vie propre, soit pour exercer son culte et qu'elle lui prête main-forte sur tous ces points.

En agissant ainsi, elle remplira toutes ses obligations et j'irai même jusqu'à dire qu'à notre époque, avec l'émiettement de la pensée moderne, cette attitude, qui, tout en maintenant les bonnes relations, conserve l'indépendance réciproque des deux pouvoirs, vaut peut-être mieux que la précédente.

En effet, lorsque la Religion catholique est la Religion de l'Etat, ce dernier a toujours une propension à la considérer comme un rouage de son organisation et à se servir de son influence pour les besoins de sa politique. L'Eglise a, ainsi, plus de peine à garder son indépendance et à ne pas se laisser compromettre. L'Etat la tient encore par les subventions qu'il accorde, ce qui lui permet d'exercer, dans les mutations hiérarchiques, une influence trop souvent fâcheuse.

D'un autre côté, l'Etat lui-même, ainsi officiellement lié à l'Eglise, devient, par cela même, suspect à tous ceux de ses sujets qui ne sont pas catholiques, ou qui ne le sont que de nom.

Je crois donc, pour toutes ces raisons, qu'il vaut mieux, aujourd'hui, en France au moins, s'en tenir, suivant un mot à la mode, à l'entente cordiale.

CHAPITRE III

Résumé et Conclusions.

———

Avant de conclure, il est bon de résumer, en quelques propositions simples et claires, cette trop longue discussion :

1° Une loi, établissant un ordre défini, était nécessaire pour assurer et régler l'évolution paisible et féconde de l'homme sur la terre.

2° Cette loi existe, a fonctionné dès l'origine et fonctionnera, toujours la même, répondant ainsi à l'esprit de tradition.

3° Elle a été imposée par le Créateur, dès le commencement, et parfaitement adaptée aux besoins de l'humanité.

4° C'est, dans les limites déterminées par elle,

que l'homme peut évoluer et choisir les moyens qui lui paraissent les meilleurs, pour organiser et faire fonctionner la famille, les associations, le gouvernement et c'est ainsi qu'il pourra donner satisfaction à l'esprit de nouveauté.

5° Cette loi a des sanctions dans la vie présente et la vie future.

Celles de la vie présente sont assurées par Dieu et aussi par l'Autorité humaine. Le Créateur s'est réservé celles de la vie future.

6° Cette loi, ne devant jamais varier, il était nécessaire, avec les défaillances du vice originel, qu'elle eût un gardien et un interprète.

Le Créateur a, tout d'abord, rempli lui-même ce double rôle. Il en a chargé ensuite des hommes directement inspirés par lui. Puis il l'a, en dernier lieu, confié à l'Eglise catholique, en la personne de son Chef, qu'il a formellement promis de guider et d'inspirer de façon à ne faillir jamais dans cette mission.

7° L'humanité et les gouvernements qui la représentent, doivent donc observer cette loi, obéir aux directions qui leur sont données à ce sujet et suivre l'interprétation indiquée dans les cas douteux.

Les rapports, qu'ils auront nécessairement avec l'Eglise, doivent être toujours empreints de la bonne foi et de la loyauté la plus entière et devront toujours tendre à lui assurer la liberté de remplir sa mission.

8° Sous cette double condition, ils sont pleinement indépendants et maîtres souverains dans le champ d'action qui leur est réservé.

Ces propositions formulées et pour conclure en un mot, n'est-il pas évident que le seul remède, véritablement efficace pour sauver la France, est le retour à l'observation de cette loi ?

C'est sur ce point que doit se faire l'accord de tous les citoyens et de tous les partis. Ce doit être le cri de ralliement de ceux qui veulent le salut de la patrie, le drapeau autour duquel peuvent, sans arrière-pensée, se réunir Royalistes, Impérialistes, Républicains, qu'ils soient catholiques, protestants et même juifs, s'il en est de bonne foi, puisque tous, à des degrés divers, admettent et pratiquent cette loi.

D'accord sur cette base fondamentale, ne peuvent-ils pas rechercher ensemble les moyens de remettre en vigueur au moins les plus essentiels de ses préceptes, ceux sans lesquels aucune nation ne peut subsister.

N'est-ce pas le seul et véritable terrain d'entente au point de vue social? Celui sur lequel conviait, déjà de son temps, l'illustre Le Play, tous les hommes de bonne foi?

Pour moi, j'en suis si profondément convaincu que, pour être complet, je vais rechercher, maintenant, les moyens pratiques d'arriver à cette restauration.

———

QUATRIÈME PARTIE

MOYENS

CHAPITRE I

Choix d'un terrain d'entente.

Je marche, évidemment, sur un terrain moins
solide. J'entre, en effet, dans le champ d'action
réservé à la liberté humaine. Les moyens que je
vais proposer, me semblent les meilleurs, mais
on peut ne pas être de mon avis. L'expérience
pratique seule démontrera s'ils sont bons ou
inefficaces. Aussi je ne les donne qu'à titre d'in-
dication, laissant chacun libre d'y faire les addi-
tions, les corrections qu'il jugera utile, ou d'en
proposer d'autres.

Beaucoup pensent que la question politique
doit primer et que c'est sur ce terrain que l'union

doit se faire, parce que, bien formée et bien conclue, elle rendra facile la solution de toutes les autres.

Ce me paraît être une erreur.

La question politique, en effet, consiste à choisir une forme de gouvernement et à l'organiser dans le pays.

Or, sur ce terrain, l'entente est impossible. Chaque parti, en effet, donne d'excellentes raisons pour avoir la préférence et aucun n'en donne d'assez péremptoires pour que les autres soient amenés à lui céder le pas en reconnaissant leur efficacité pratique certaine.

C'est ainsi, en fait, que depuis plus de trente ans, nous voyons les Royalistes, les Impérialistes, les Républicains de toute nuance se livrer des combats, à la suite desquels chacun s'attribue la victoire et couche sur ses positions, sans avoir convaincu personne ni fait avancer la solution d'un pas.

D'un autre côté, j'ai surabondamment démontré, dans la troisième partie, que toutes les formes de gouvernement peuvent assurer la prospérité, l'ordre et la paix, si elles acceptent franchement et font observer fidèlement les préceptes de la

Loi Morale et qu'aucune n'est capable de le faire si elle néglige ce devoir.

Enfin, en admettant même que l'on s'entendit sur une forme de gouvernement, rien ne garantit que ce gouvernement, fût-il même celui du parti dont les déclarations antérieures s'en rapprocheraient le plus, s'occuperait, une fois maître du pouvoir, de la restauration sérieuse et de l'observation de la Loi Morale, ce que j'ai également démontré.

Il faut donc renoncer à prendre la question politique comme terrain d'entente.

Peut-on prendre la question religieuse ?

On l'a essayé souvent et le Pape, qui en cela remplit son devoir de chef de l'Eglise catholique, nous y convie en ce moment.

Mais, bien qu'à certains égards, ce soit un terrain plus large, l'entente n'a pu se faire dans le passé et je crains qu'elle ne puisse se faire davantage dans l'avenir.

Sans doute il est utile, je dirai plus nécessaire que la Religion catholique puisse librement enseigner, légiférer, gouverner, juger et réprimer dans les matières qui sont de sa compétence et dont elle a la garde et que les fidèles puissent obéir sans entraves à ses directions.

Ce serait beaucoup d'obtenir tout cela et l'Eglise, qui ne peut autrement remplir sa mission, a raison de convier tous les Français à s'unir pour formuler les revendications nécessaires.

Je vais plus loin, sur ce terrain, l'entente est faite. En effet, tous ceux qui sont vraiment catholiques, sont d'accord pour les formuler et les faire triompher, s'il se peut, sous la direction des Evêques.

Mais, au point de vue social, auquel nous nous plaçons, les bases de l'union me semblent manquer de l'ampleur indispensable.

D'abord, elle a contre elle tous ceux qui professent une autre Religion et ceux qui n'en professent point.

Sera-t-on même bien sûr de l'adhésion de tous les catholiques? Il ne faut pas oublier qu'il y en a un grand nombre, la majorité peut-être maintenant, qui ne l'est que de nom, qui non seulement ne pratique pas, mais critique et conteste les droits de l'Eglise.

Ne seront-ils pas hostiles ou tout au moins indifférents et sourds aux appels qui leur seront adressés ?

Je crains que ces causes, qui ont fait avorter les tentatives précédentes, n'influent fâcheusement sur celle qu'on esquisse en ce moment.

Pour moi, il n'y a qu'un terrain assez large pour rallier tous les hésitants, les dissidents, les indifférents et les unir à ceux qui veulent agir, c'est celui de la question sociale dont la solution, tout entière, réside dans la remise en vigueur des préceptes de la Loi Morale.

C'est, d'ailleurs, sur ce terrain que tend, de plus en plus, à se concentrer la lutte. Au fond, elle s'agite autour de l'éternel dilemme posé à toute créature libre et consciente : Reconnaître ou non les droits que son Créateur a sur elle.

Au premier abord, il semble que le simple bon sens devrait la faire pencher vers la première solution et, cependant, les faits prouvent qu'il n'en est pas ainsi.

Enivrée par l'orgueil, égarée par des rêves trompeurs de liberté, la créature rejette toute subordination et refuse toute obéissance.

Non serviam! Tel est le cri qui a, tout d'abord, retenti dans le ciel et qui s'est traduit, sur la terre, par le geste de révolte du premier couple humain, mangeant la pomme, malgré la défense qui lui en était faite.

C'était, en réalité, le rejet de la Loi Morale et l'histoire tout entière, des décadences et des grandeurs de l'humanité, procède de ses révoltes ou de ses soumissions.

Souvent, le dilemme a été obscurci par des questions accessoires. L'orgueil humain s'est plu à le contester, à le compliquer, à le dénaturer, mais, dans toutes les crises suprêmes, il s'est posé avec netteté.

Rarement il l'a été comme il l'est maintenant dans le monde et en France spécialement. Les complications accessoires sont tombées une à une, et nous nous trouvons en face de la soumission à la loi, qui peut nous sauver, ou de son rejet, qui doit nous perdre. C'est cette dernière attitude que prend de plus en plus le gouvernement qui nous régit, soutenu, encouragé par toutes les passions, tous les appétits que groupent, contre les droits du Créateur, la révolte de l'orgueil et la haine de ses lois.

C'est contre une pareille attitude qu'il faut réagir. Ne pouvant raisonnablement compter, ni sur l'homme providentiel, ni sur une forme spéciale de gouvernement, les conservateurs doivent accepter franchement le terrain sur lequel la lutte est placée et unir tous leurs efforts pour ramener le pays au respect de la volonté du Créateur, c'est-à-dire à l'observation de la Loi Morale.

Sans doute cela ne se fera pas tout seul, ni sans des efforts soutenus et prolongés, mais cela se peut, si nous en avons la ferme volonté.

Sur ce terrain peut se rencontrer l'action de tous les hommes de bonne volonté, qui comprennent, ou comprendront après avoir étudié et réfléchi, que la restauration et l'observation de la Loi Morale sont nécessaires et que c'est notre seule planche de salut.

Royalistes, Impérialistes, Républicains, ou indifférents, à quelque groupe qu'ils appartiennent, peuvent facilement se mettre d'accord sur ce point.

Les catholiques, sans préférence politique accusée, le peuvent avec d'autant plus de confiance que la Loi Morale assure, à leur religion, les droits qu'elle revendique justement. En se joignant aux autres groupes, ils feront, en même temps, acte de fidèles et de citoyens. Attitude préférable à celle qu'ils auraient en se tenant sur le terrain purement religieux.

CHAPITRE II

Direction du Mouvement.

———

Je dirai mieux, ils me paraissent nettement qualifiés pour prendre l'initiative et la direction du mouvement, non seulement parce que la Religion catholique a seule la garde et l'interprétation de la Loi Morale, mais aussi parce que ce sont eux qu'on pourra le moins suspecter de vouloir faire dévier le mouvement sur le terrain politique.

La Papauté, d'ailleurs, n'a-t-elle pas déjà pris l'initiative ? Les Encycliques sociales de Léon XIII ont nettement posé la question et je suis convaincu qu'en réalité là se trouve la véritable pensée de S. S. Pie X, dans les directions qu'Elle donne actuellement.

Peut-on reprocher à l'Eglise catholique de prendre cette initiative, en présence de l'inertie et des divisions des conservateurs qui les rendent impuissants et lorsqu'à tout prendre, elle ne fait que remplir son devoir et suivre ses plus anciennes traditions?

N'est-ce pas elle, en effet, qui, à la chute de l'Empire romain, alors que, pour d'autres causes, l'autorité laïque était impuissante, a su dompter les barbares, les organiser en nations, les persuader de l'importance de la Loi Morale et les amener à en insérer, dans leurs lois, les préceptes essentiels?

Or, toute proportion gardée, nous sommes dans une situation analogue. Il n'est donc pas étonnant qu'elle reprenne son rôle d'initiatrice et d'éducatrice pour la France, sa fille aînée.

Tous peuvent donc, je ne dirai pas se fondre dans le parti catholique, mais accepter et suivre son initiative sur le terrain social.

Pour le faire efficacement, il faut se pénétrer de deux préceptes essentiels de la Loi Morale et commencer, tout d'abord, par les mettre en pratique.

Ce sont ceux qui sont relatifs à la pratique de la tempérance, de la justice, de la charité et du renoncement.

Il faut, en effet, que les favorisés de la fortune modèrent l'ardeur qu'ils apportent à jouir de toutes les aises de la vie, de toutes les satisfactions du luxe, qu'ils sachent se gêner pour remplir les devoirs qui leur seront imposés et faire les sacrifices nécessaires, en retranchant, au besoin, sur leur bien-être et cela généreusement et sans regarder à droite ou à gauche, si le voisin agit ou non de même.

Il faut que tous, en gardant leurs convictions intimes, fassent les concessions indispensables.

Il faut, notamment, que les groupements, purement politiques jusqu'à présent, mettent loyalement, comme l'on dit, leur drapeau dans leur poche, ajournent leurs espérances et consacrent toutes leurs forces et leurs ressources à seconder énergiquement les mesures qui seront prises, soit pour détruire les préjugés qui battent en brèche la Loi Morale, soit pour éclairer les masses sur son importance et la nécessité de son observation, soit pour faire abroger les lois qui la violent, entravent son action, soit enfin pour faire adopter celles qui en assureront le mieux la pratique.

Et ce que je demande là n'est ni utopique, ni impossible. Le peuple Belge, il y a vingt-cinq ans, nous en a donné l'exemple. Sous la conduite de leurs évêques, tous les bons citoyens ont su s'entendre, lutter, faire les sacrifices nécessaires et arriver enfin au pouvoir pour rétablir l'ordre, la paix et ouvrir une ère de prospérité que personne ne pouvait soupçonner.

Pourquoi les Français ne feraient-ils pas de même ?

Le terrain d'union étant ainsi délimité et bien précisé, les chefs du mouvement reconnus et acceptés, ne pourrait-il y avoir, sur la convocation des évêques, une réunion, un congrès de délégués de tous les groupements qui ont cherché ailleurs une solution.

Qu'est-ce qui empêcherait l'Action Libérale, le Comité de Défense Religieuse, les Comités Royalistes, Impérialistes, Républicains, Libéraux, et tant d'autres groupements d'études théoriques ou d'action pratique, de s'aboucher sur ce terrain où ils sont, au fond, tous d'accord ou à peu près et d'étudier, de concert, les moyens

les meilleurs pour remettre en pratique la Loi
Morale dans les mœurs et dans les lois.[1]

---

[1] Ce serait un beau champ d'action pour Marc Sangnier et le
Sillon, qui viennent de donner un si bel exemple, non seulement
de soumission au Pape, mais aussi de pratique des préceptes de
la Loi Morale indispensables pour assurer l'union de tous ceux qui
veulent sauver la France. Puissent les évêques profiter de ces
forces actives qui s'offrent à eux, les éclairer, les diriger et s'en
servir pour provoquer, sur la nécessité de la restauration de la
Loi Morale, l'entente nécessaire !

CHAPITRE III

Objections.

———

Je vois d'ici les objections.

Elles peuvent se réduire à trois principales :

1° Le Gouvernement ne tolérera jamais une pareille réunion.

C'est possible, mais on peut la remplacer par un programme bien étudié et auquel, après examen et éclaircissements, adhéreraient tous les groupes.

2° Vous allez vous heurter à des froissements d'amour-propre, à des questions d'ambition.

Au fond, si bien disposé soit-il à faire des concessions, chaque groupe entrera, dans l'union, avec l'arrière-pensée d'imposer sa manière de voir, de faire adopter la forme de gouvernement qui lui est chère et dont ses partisans seront les premiers à profiter.

C'est vrai et ce serait méconnaitre les défaillances dues au vice originel que de le nier.

Mais ce n'est pas une raison pour reculer. Quelle est la réunion où tous sont d'accord, où chacun n'arrive pas avec le désir de faire triompher son opinion. Ne finit-on pas, cependant, lorsqu'on le veut bien, par s'entendre.

Or, pourquoi l'entente ne se ferait-elle pas dans notre cas ?

Comme il ne s'agit que de la restauration de la Loi Morale, chaque parti peut ajourner ses espérances. Les ambitions ne seront-elles pas, d'ailleurs, retenues par la conviction qu'il s'agit du salut de la France et que toutes les concessions possibles sont nécessaires pour aboutir.

Si cette considération ne suffisait pas, ce serait à désespérer du bon sens et de la vertu des citoyens.

D'ailleurs l'influence conciliante des Evêques ne serait-elle pas là pour calmer les susceptibilités et modérer les ambitions ?

3° A quoi aboutirez-vous en vous en tenant seulement à la restauration de la Loi Morale? Admettons qu'elle soit restaurée, l'ordre et la paix seront-ils définitivement rétablis et la France sauvée ?

Non certainement, cette restauration ne sera qu'une étape, je suis le premier à le reconnaître. Mais elle a une importance capitale. Lorsque le pays l'aura franchie, il lui restera relativement peu de choses à faire pour arriver à la solution définitive et je crois qu'il sera étonné de la facilité avec laquelle elle se réalisera.

En effet, ne sera-ce rien que d'arriver à l'abolition des lois qui entravent la liberté et l'exercice du Culte catholique, de celles qui annihilent l'Autorité dans la famille et les associations, qui dissolvent l'organisation familiale et l'empêchent de remplir son rôle dans la Société, de ramener toutes les classes à la modération dans les dépenses de luxe, dans la recherche du bien-être et des jouissances matérielles, de restituer au travail son véritable caractère, de rétablir le respect de la vie humaine, de rendre à la propriété, reconstituée sur ses vraies bases, l'inviolabilité qui lui est due, d'introduire, enfin, dans les mœurs, au lieu de la haine qui engendre la lutte des classes, la pratique de la justice, de la charité et du renoncement, qui produit l'entente et la paix.

Ces résultats, qui seront dus à la restauration de la Loi Morale, peuvent s'obtenir sans que l'on ait à se préoccuper de la forme du gouvernement.

Sans doute, il vaudrait mieux en avoir une, pénétrée de ce devoir et sachant le remplir, mais, puisque faute d'entente, c'est impossible, on doit faire l'indispensable qui est possible, c'est-à-dire remettre en pratique les préceptes de la Loi Morale sans lesquels aucune nation ne subsiste. Cela s'est déjà fait sous la direction de l'Eglise. Donc cela peut se faire encore. Donc faisons-le sans nous endormir dans une attente inutile.

L'Eglise catholique, instruite par sa longue expérience du passé, saura, je n'en doute pas, indiquer les moyens les meilleurs soit pour restaurer les préceptes, soit pour les faire pratiquer.

CHAPITRE IV

Marche à suivre.

———

Il n'est pas pour cela interdit aux hommes de bonne foi et de bonne volonté de donner leur avis sur ces points. De la discussion jaillira la lumière et se préciseront les mesures utiles à adopter.

Voici, selon moi, quelle serait la marche à suivre.

Il faudrait, en premier lieu, conserver, défendre, développer les quelques libertés qui nous restent encore et s'en servir pour commencer la restauration de la Loi Morale dans les mœurs. Et, sur ce point, il faut que tous ceux qui en sont capables fassent leur examen de conscience et prennent la ferme résolution de commencer cette restauration tout d'abord en eux-mêmes.

En second lieu, discipliner les électeurs et imposer aux candidats un programme précis pour que les lois, contraires à la Loi Morale, soient abrogées et que les lois nouvelles s'en inspirent.

En troisième lieu, réduire à l'impuissance la Franc-Maçonnerie et le Judaïsme sectaire pour faire cesser leur main-mise sur l'Etat.

Enfin, choisir une forme de gouvernement et l'organiser de façon à maintenir l'observation de la Loi Morale pour assurer le progrès social dans l'ordre et la paix.

§ I. — *Conservation, développement et usage des libertés encore existantes.*

Les libertés, qui nous restent, sont peu de chose en regard de celles que nous avons perdues. Elles sont indispensables et il faut lutter de toutes nos forces pour les conserver.

Le temps des compromissions est passé et il ne reste plus qu'à opposer, à la volonté bien arrêtée de les supprimer, celle, inébranlable, de les maintenir et d'employer, pour cela, tous les moyens que peuvent fournir la presse, la parole, la procédure, l'action.

C'est ainsi que tous les groupes doivent serrer les rangs autour des Evêques, qui ont pris l'initiative, et les soutenir dans la lutte qu'ils ont engagée pour sauvegarder le peu qui reste de la liberté du Culte.

Les catholiques, spécialement, doivent y aller de leur personne. Non seulement fréquenter et faire fréquenter plus souvent les églises, s'intéresser davantage aux œuvres paroissiales, mais encore donner largement pour l'entretien du culte et du clergé, qui n'ont plus d'autres ressources que la générosité des fidèles.

Tous doivent soutenir l'enseignement libre, qui a pour base la Loi Morale, sous quelque forme qu'il se présente : primaire, secondaire ou supérieur.

Dans les classes pauvres, on s'affranchit trop facilement de l'obligation de payer les légères subventions que la pénurie des ressources oblige à demander. On abandonne trop facilement l'école religieuse pour l'école sans Dieu, lorsque cette dernière présente des avantages matériels que les autres ne peuvent donner et, surtout, à la moindre menace ou tracasserie de l'Administration.

Je sais qu'il faut s'imposer des privations quelquefois dures et quelquefois aussi montrer un vrai courage pour résister aux pressions administratives. La lutte, qui est engagée depuis la lettre des Evêques signalant les livres qui violent la neutralité promise, en est la preuve évidente.

Mais, outre leurs sentiments religieux qui doivent les pousser à tout souffrir pour sauvegarder l'âme de leurs enfants, les parents, les moins observateurs, ne sont-ils pas à même maintetenant d'apprécier les résultats que donnent les écoles officielles.

Qu'ils regardent autour d'eux et ils verront ce que sont et ce que deviennent les enfants qui en sortent.

L'orgueil, l'esprit d'insoumission, le manque de respect, tout en rendant la vie de famille impossible, ne sont que des peccadilles en comparaison des actes coupables auxquels entraîne l'appel des passions qu'aucun frein moral ne vient plus réprimer.

Ils comprendront, bien vite, que leur intérêt, même matériel, bien entendu, doit les pousser à préserver leurs enfants, tous les premiers et eux ensuite, d'un pareil avenir.

Il faut aussi que ceux qui peuvent avoir de l'influence sur eux, les éclairent, les soutiennent et les aident dans les luttes qu'ils auront à subir sur ce point.

Dans les classes aisées, on croit, trop facilement, qu'on a fait tout son devoir en payant une cotisation quelconque, même élevée et on ne se fait aucun scrupule d'envoyer ses enfants dans les établissements de l'Etat, soit parce que l'on croit qu'ils arriveront plus facilement à la carrière rêvée, soit parce qu'on estime que l'instruction y est meilleure.

Ce sont des erreurs que les parents paient cher un jour. Malgré les précautions prises, la carrière échappe au jeune homme qui appartient à une famille où les principes religieux et politiques ne sont pas ceux du gouvernement et, s'il a reçu une instruction, peut-être supérieure, ce qui n'est pas prouvé, il n'aura pas eu cette forte éducation morale qui sert de frein aux passions, de guide dans la vie et rien ne viendra le préserver des écarts de conduite, ni de ces chutes qui portent la désolation et, quelquefois, le déshonneur dans les familles.

Il serait à désirer que toutes les classes de la population reçussent un enseignement social que les erreurs, répandues à profusion par la presse et les orateurs de réunions publiques, rendent absolument nécessaire.

Il faudrait qu'à côté du catéchisme, qui enseigne les vérités religieuses, il y en eût un pour enseigner les vérités sociales. Les Evêques devraient s'occuper de cette question, adopter un catéchisme social court, simple, énonçant clairement les vérités essentielles, réfutant, d'une façon précise, les erreurs fondamentales.

Non seulement les enfants devraient l'apprendre et le comprendre, mais aussi les parents, qui, ignorant de toutes ces questions, se laissent d'autant plus séduire par les erreurs, que les défaillances du vice originel leur prêtent une aide malheureusement trop favorable.

Le clergé, tout le premier, devrait être au courant et, au lieu de sermons, sur des points de doctrine religieuse, que l'on écoute d'une oreille distraite, traiter, de temps à autre, quelques-uns des sujets qui touchent aux intérêts vitaux de toutes les classes de la Société.

Je sais bien que la difficulté serait d'établir ce manuel, ce catéchisme, mais on ne me fera pas croire qu'elle est insoluble.

Une commission, composée de gens compétents, pourrait, ou l'établir, ou adopter l'un de ceux qui ont paru déjà, au besoin avec les modifications qu'elle jugerait nécessaires.

Il servirait de base fixe à l'enseignement social dans les Séminaires, dans les maisons d'éducation supérieure et secondaire, ainsi que dans les Ecoles et Messieurs les Curés pourraient le commenter, quelquefois, dans leurs prônes, de façon à en pénétrer l'esprit de leurs ouailles. Bien plus, il pourrait servir utilement de plan de campagne aux conférenciers.

Les conférences, en effet, sont un moyen puissant de régénération sociale et il faut en user largement. Elles sont accueillies avec faveur dans tous les milieux.

Par la jeunesse des Ecoles, qui y voit une diversion aux études ordinaires.

Dans les centres ouvriers, où se débattent toutes les questions sociales, avec une âpreté d'autant plus grande qu'ils y sont directement et matériellement intéressés et qu'ils désirent passionnément savoir si tout ce qu'on leur raconte, pour améliorer leur situation, est réellement possible, ou si ce ne sont que d'irréalisables utopies.

Dans les classes aisées, que ces questions commencent à préoccuper sérieusement et qui veulent maintenant se rendre compte jusqu'à quel point leur solution peut modifier leur existence et leur fortune.

Il n'est pas jusqu'aux classes purement rurales, où elles ne présentent de l'intérêt, à raison de toutes les controverses qu'on agite sur le droit de propriété.

Pour que ces conférences produisent des fruits sérieux, il ne faut pas, ainsi que cela a eu lieu généralement, les faire au hasard des nécessités, mais elles devraient être méthodiquement organisées partout et suivant un programme défini.

Dans chaque département, dans chaque diocèse, une commission devrait être organisée pour les créer, les diriger, les maintenir, avec les variétés nécessitées par les situations locales, dans .les grandes lignes adoptées, pour toute la France, par un comité central.

A côté de cet enseignement pour ainsi dire classique des vérités sociales, les conférenciers pourraient, chaque fois que l'occasion s'en présenterait, faire ressortir les conséquences des principes combattus, celles de la violation des préceptes de la Loi Morale, les scandales qui en naissent, ainsi que les résultats funestes qu'ils ont pour le pays.

La matière à exploiter ne manquera malheureusement pas sur ce point.

La presse viendra aider et compléter cet enseignement social.

Il ne faut pas se le dissimuler, son influence est considérable. Actuellement, le journal quotidien a tellement pénétré dans les mœurs, même à la campagne, qu'on ne peut pas plus s'en passer que de manger et boire. C'est la nourriture de l'intelligence. La seule pour beaucoup de gens. On a dit, il y a longtemps déjà, que l'on finit toujours par prendre l'opinion de son journal.

234

Cette remarque, vraie pour les classes ins-
truites, l'est bien plus encore pour les autres.
Elles suivent, presqu'aveuglément, l'impulsion
qui leur est ainsi donnée.

Or, cette impulsion est, en général, mauvaise.
C'est contre elle que devrait réagir, je ne dirais
pas seulement la presse catholique, mais tous les
journaux qui admettent la Loi Morale comme
base nécessaire de l'ordre social.

Tous devraient faire bloc pour réfuter les erreurs évidentes, exposer les vérités essentielles et
démontrer, soit théoriquement, soit pratiquement, qu'aucune société ne peut vivré sans l'observation des préceptes essentiels de cette loi.

Mais leur action n'est possible et ne sera efficace que si elle est, pour le moment au moins,
désintéressée.

Je m'explique.

Tant que les organes des partis conservateurs
affirmeront que la Loi Morale ne peut être appliquée et l'ordre social rétabli que par la forme de
gouvernement qui a leur préférence et qu'ils soutiennent, ils seront impuissants, parce qu'ils ne
sont, en cela, que les porte-paroles de partis qui
tous, je l'ai déjà dit, apportent de bons argu-

ments à l'appui de leur opinion et ne peuvent accepter celle des autres sans se suicider, ce qu'ils ne feront jamais.

Mais si tous venaient déclarer que, tout en les conservant, ils mettent, pour le moment, leurs préférences politiques de côté, pour ne s'occuper que de rétablir le règne de la Loi Morale et des moyens d'y parvenir, ils pourraient être unis sur ce terrain et faire le bloc dont j'ai parlé.

Ce serait, pour quelques-uns, un grand sacrifice, surtout pour ceux qui ne vivent guère que de polémiques de parti. Mais s'ils veulent, réellement, le salut de la France, avant la sauvegarde de leurs intérêts personnels, ils peuvent d'autant mieux le faire que la solution de la question politique sera, nous venons de le voir, le complément nécessaire de la campagne.

Pour que l'action de la presse ait toute son efficacité, elle devra, naturellement, s'inspirer des décisions du Comité central et des Commissions régionales, parce que, là plus qu'ailleurs encore, il faut l'unité de direction et de la discipline.

Cette attitude nouvelle de la presse serait d'un grand exemple. Elle prouverait qu'elle, la première, veut observer la Loi Morale, même au prix de durs sacrifices, et qu'elle ne se contente pas, comme elle l'a fait trop souvent, de conseiller la vertu sans la pratiquer.

Elle en serait récompensée, d'ailleurs, par l'autorité plus grande qu'elle acquèrerait, par le sentiment du rôle réellement utile qu'elle jouerait dans la restauration sociale.

Les articles des quotidiens devront signaler chaque jour, sans se lasser, les violations de la Loi Morale, de quelque part qu'elles émanent, les conséquences prochaines qu'elles auront, les scandales, le favoritisme, les gaspillages, la désorganisation de la défense nationale, le désordre des finances.

La presse périodique, dans des articles plus étudiés, remonterait aux causes et démontrerait que la violation des préceptes, que le Créateur a imposé à l'humanité, est la source du désordre dans lequel nous vivons.

Le champ à exploiter est immense et l'œuvre autrement intéressante que ces discussions byzantines sur la politique, qui tournent dans le même cercle et n'aboutissent à rien.

Mais, où l'organisation sérieuse d'un Comité

central et de Comités régionaux sera le plus utile, c'est dans la défense des libertés dont je viens de parler. Ils lui assureront l'unité et l'efficacité qui lui ont manqué jusqu'à présent.

L'exemple que le clergé donne, pour la défense de la liberté religieuse, doit être suivi pour celle du libre exercice du culte, pour ce qui reste de la liberté d'enseignement, pour la liberté de la parole et de la presse.

C'est au Comité central que devrait être signalées toutes les entreprises contre ces libertés. Il devra être le directeur de la lutte, l'appui de ceux qui seront aux prises. En retour, il faudra accepter franchement sa direction, en sachant faire les sacrifices nécessaires pour s'y conformer.

Ce n'est qu'à ce prix qu'on pourra obtenir la victoire, ou tout au moins éclairer les masses sur les injustices commises, réserver ainsi l'avenir et préparer l'inévitable réaction.

§ II. — *Discipline des Élections.*

La lutte, pour la conservation des libertés, serait inutile si l'on n'y joignait pas le soin des élections à tous les degrés.

C'est là aussi qu'il faut de la méthode, de la discipline et du dévouement.

Lorsque ces trois forces fonctionnent, le résultat cherché ne tarde pas à se produire. Nous en voyons, sous nos yeux, des exemples frappants, non seulement du côté des partis avancés, où ils sont malheureusement trop nombreux, mais même chez les autres.

Or, pour réussir dans les élections, il ne faut pas seulement s'en occuper, comme on le fait trop souvent dans le parti conservateur, un mois ou deux avant la date fixée, mais toute l'année et toujours.

Par conséquent les commissions locales devront, dans toutes les communes, avoir des agents pour surveiller la confection des listes électorales, y faire opérer les inscriptions et les radiations utiles, de façon à ce qu'elles soient toujours à jour et surtout sincères. Les mêmes agents devront être chargés de l'organisation des conférences appropriées au public et aux questions locales, de la diffusion des bons journaux.

Quelque temps avant les élections et sur les indications de leurs délégués, les comités devront faire le choix de leurs candidats. Ils ne sauraient y apporter trop d'attention, qu'il s'agisse d'élections communales, cantonales, législatives ou sénatoriales.

Sans se préoccuper de leurs opinions politiques, ils choisiront, parmi celles qui ont le plus de chance de passer, les seules personnalités qui accepteront franchement le programme de régénération sociale, en comprendront la portée et consentiront, loyalement, à le soutenir et à l'appliquer en toutes circonstances.

Ce programme variera dans les détails et le mode d'application selon le genre d'élection, mais, au fond, il sera toujours le même :

Rétablissement et application de la Loi Morale.

Pour les élections communales, il consistera surtout à demander l'abolition des lois qui entravent la liberté du culte, la liberté d'enseignement, la liberté communale, à voter contre toutes les mesures qui sont la conséquence de ces lois et contre les actes de l'autorité qui voudrait les appliquer.

Je sais bien que, dans les communes rurales surtout, il sera difficile de trouver des candidats qui veuillent accepter une pareille tâche et qui aient le courage de la remplir, parce qu'on a peur, avant tout, de ne pas être, comme on dit vulgairement, du côté du manche et de lutter contre le pouvoir, qui a tant de moyens de tracasser ceux qui lui sont hostiles.

Mais n'y aurait-il, dans les conseils ruraux, que deux ou trois personnes capables de soutenir la lutte que ce serait beaucoup. Leur résistance, les explications qu'elles en donneraient éclaireraient leurs collègues, feraient hésiter leurs adversaires et empêcheraient, souvent ainsi, l'adoption de mauvaises mesures.

Dans les élections au Conseil général, le programme serait le même, mais, à raison des vœux que ce Conseil peut émettre, il devrait prendre une précision plus grande.

Les candidats devraient s'engager à émettre des vœux formels pour l'abolition de toutes les lois qui entravent la liberté du Culte. Celles notamment qui ont dépouillé le Clergé et les Catholiques des Églises, des fondations, des biens qui étaient leur propriété légitime, en même temps que nécessaire à l'exercice du culte, de celles qui ont astreint le clergé au service militaire pur et simple, au lieu de l'employer dans l'aumônerie, dans les services sanitaires, de celles enfin qui ont dépouillé les congrégations religieuses de leurs biens et leur refusent le droit d'enseigner, de façon à ce que les 1er et 8e préceptes de la Loi Morale soient rétablis et observés[1]).

De celles qui ont désorganisé la famille, telles que les lois sur le divorce et la limitation trop étroite de la liberté de tester, de façon à ce que les 2e, 3e et 4e préceptes de la Loi Morale puissent être rétablis et observés[2]).

De celles qui substituent la charité officielle à la charité privée, de façon à ce que le 9e précepte puisse être librement et efficacement observé par les particuliers[3]);

---

[1] 1er précepte : Respect, obéissance, hommages au Créateur.

8e précepte : Respect de la propriété.

[2] 2e précepte : Respect et obéissance à ceux qui, dans la famille et la Société, représentent l'autorité légitime.

3e précepte : Détermination des limites dans lesquelles doit se renfermer l'instinct de reproduction.

4e précepte : Indissolubilité du lien conjugal. — Monogamie.

[3] 9e précepte : Pratique obligatoire de la justice, de la charité, du renoncement.

242

De celles, enfin, qui tendent à attribuer à l'Etat
le monopole des moyens de production de façon
à ce que l'application et la pratique des 6°, 7°,
8° et surtout 9° préceptes ne soient pas livrées à
l'arbitraire du gouvernement [1]).

C'est, surtout, dans les élections à la députation et au Sénat que ce programme devra être
plus rigoureusement imposé, parce que les Députés
et les Sénateurs n'ont pas que de simples vœux à
émettre, mais ont en mains la puissance législa-
tive, qui leur permet d'abroger les lois mauvaises
et d'y substituer celles qui rendront possible
l'observation de l'ensemble de la Loi Morale.

Les candidats devront donc s'engager, non
seulement à voter contre toutes les applications
des lois qui entravent cette observation, mais à
faire partie des groupes qui étudieront et présen-
teront des projets de lois contraires, ainsi qu'à
combattre, sans répit ni compromission, tout
ministère agissant d'après des principes opposés.

En même temps que les comités choisiront les
candidats remplissant les conditions voulues, ils

---

[1]) 6° précepte : Pratique obligatoire du travail.
7° précepte : Respect de la vie humaine.

devront prendre les moyens de les faire connaître aux électeurs, car il faut que ces derniers connaissent celui qu'ils doivent nommer, qu'ils l'estiment et qu'ils aient confiance en lui.

Dans les élections au Conseil municipal, ce sera facile parce que, dans une commune, tout le monde se connaît et sait s'apprécier à sa juste mesure. Aussi la difficulté ne sera-t-elle pas de faire connaître les hommes de valeur, les autorités sociales aptes à bien gérer les affaires publiques, mais à les faire accepter.

L'homme est ainsi fait qu'il préfère nommer son égal et même son inférieur, bien que le sachant ignorant et incapable, parce que sa jalousie est satisfaite, d'une part, et que, de l'autre, il croit qu'il pourra mieux s'en servir et l'aborder plus facilement.

Ce sont de mauvais sentiments qu'il faut combattre, non seulement en en montrant les inconvénients, mais aussi en sachant choisir, parmi les autorités sociales, les individualités qui, exemptes de morgue ou de timidité, ont l'abord facile et font voir, par leurs actes, qu'ils sauront prendre, non leur intérêt, mais celui de leurs électeurs.

Dans les élections au Conseil général, ce sera encore relativement facile de trouver un candidat connu des électeurs, mais il n'en sera pas de même, quelquefois, pour la députation et le Sénat.

Ce sera alors le cas de mettre les conférenciers, la presse, les candidats eux-mêmes surtout, en mouvement, pour arriver à les bien faire connaître et accepter.

Lorsque les candidats sont vraiment pris parmi les autorités sociales, qui connaissent leur rôle et savent le remplir, l'observation des faits prouve qu'ils ont les plus grandes chances de succès si la liste électorale est sincère et l'élection sans fraude.

Elle prouve aussi que la confiance, qu'ils auront su inspirer, dure aussi longtemps qu'ils restent prêts à rendre les services que l'on attend d'eux.

Les masses, en effet, absorbées par les nécessités quotidiennes de la lutte pour la vie, sentent instinctivement qu'il est nécessaire que les affaires publiques, qui sont au fond les leurs, soient gérées par ceux qui ont les loisirs et la compétence voulus. Si elles voient qu'ils s'acquittent de leur tâche avec justice et équité, elles leur en laissent le soin avec une confiance qui se dément rarement, tant qu'elle n'est pas égarée par des manœuvres déloyales.

Tous ces résultats, je le répète, peuvent être préparés et obtenus sans faire intervenir en quoi que ce soit la question politique. Ce serait inutile, maladroit même, dirai-je, de s'en occuper dans cette première étape qu'on doit parcourir pour arriver au relèvement de la patrie.

Les directeurs du mouvement devront se préoccuper, avant tout, de bien expliquer, d'une part que, *quelle que soit la forme de Gouvernement qu'il adopte, aucun peuple ne peut vivre et prospérer sans observer la Loi Morale et, de l'autre, que toutes les formes de gouvernement sont possibles chez les peuples qui restent soumis à cette loi.*

Si cette double vérité a bien pénétré dans toutes les classes de la Société et si elles la mettent en pratique, il y a de grandes chances de ne voir arriver à la direction des affaires communales, départementales ou nationales, que ceux qui seront, eux aussi, disposés à la mettre en pratique.

C'est donc, au point de vue électoral, le véri-

table terrain sur lequel peut se faire, sans réti-
cence, l'union de tous les conservateurs.

Cette union peut se réaliser bien facilement, si
on le veut réellement. — Il suffit, mais il faut
pour cela que tous les groupes religieux, politiques ou sociaux, sans abdiquer leurs préférences,
ni leur autonomie, s'entendent pour choisir le
candidat qui tout en remplissant les conditions
sus-indiquées, paraîtra avoir le plus de chances
de succès. Il faut, dans tous les cas, qu'il soit
bien entendu entre eux que, s'il y a plusieurs
candidats conservateurs au premier tour de scru-
tin, tous devront s'engager à se désister, au
second, en faveur de celui qui aura obtenu le
plus de voix. C'est bien le moins que l'on
puisse demander à leur bonne volonté.

§ III. — *Mesures à prendre contre la Franc-Maçonnerie et le Judaïsme sectaire.*

En même temps qu'ils prendront les mesures
plus haut indiquées ou d'autres analogues que
pourront inspirer les phases de la lutte, les Co-

mités conservateurs doivent, dès à présent, faire un vigoureux effort pour combattre la Franc-Maçonnerie.

Longtemps cette institution néfaste a dissimulé son véritable caractère et son but sous des dehors philanthropiques et sous le couvert de la Mutualité.

Naguère encore, la majorité de ses adeptes croyait, en s'enrôlant dans ses rangs, y trouver, sinon d'agréables, au moins d'utiles relations et un appui pour se pousser et réussir.

Elle s'est crue assez forte maintenant pour jeter le masque et ses actes prouvent, tous les jours davantage, que son but réel est de rejeter la Loi Morale et de lui refuser obéissance.

Au fond, c'est la révolte contre le Créateur! C'est la continuation du *Non serviam* proclamé par l'ange rebelle, qui est ainsi le véritable inspirateur et grand maître de la secte.

C'est là le secret qu'on ne révèle pas aux adeptes, même élevés en grade, et que les chefs, qui en connaissent les dures conséquences, n'osent avouer et n'acceptent qu'en tremblant, la rage dans le cœur.

Ils sentent que la liberté sans frein, qu'ils ont

cru conquérir, se transforme en un esclavage tous les jours plus étroit et que la paix, qu'ils prêchent en apparence, n'existe ni dans leur cœur, ni dans les milieux où ils font pénétrer l'esprit de révolte qui les inspire.

On comprend ainsi pourquoi ils ont juré une haine mortelle à l'Eglise catholique. C'est la haine même de leur inspirateur et de leur maî-tre ; elle les enivre et les aveugle à la fois.

Elle les enivre, en leur faisant voir, dans un mirage trompeur, par le triomphe de la secte, la satisfaction de leur orgueil et l'assouvissement de leurs passions. Elle les aveugle encore bien plus, en les empêchant de réfléchir aux conséquences de leurs actes et en les poussant à prendre des mesures, dont leur intelligence et leur instruc-tion devraient leur montrer l'inanité ou les effets désastreux.

Ils marchent quand même ! Exemples frap-pants des défaillances auxquelles pousse le vice originel.

Aussi, sous l'impulsion de cette haine, qui trouble leur jugement et fausse leur volonté, nulle conciliation n'est possible, parce que l'Eglise, qui représente le Créateur, ne saurait être soumise à la créature et que la créature révoltée ne veut plus reconnaître les droits que le Créateur a sur elle.

La Franc-Maçonnerie remplit donc bien la mission que lui a assignée son inspirateur, en poursuivant, par tous les moyens, la destruction de l'Eglise catholique.

C'est là le mobile secret de ses attitudes diverses, mais, au fond, toujours hostiles et ce qui explique l'inutilité de toutes les tentatives d'accord dont les catholiques ont été constamment les victimes ou les dupes.

Il faut, désormais, partir de l'idée, qui est l'évidence même, qu'aucune entente n'est possible et agir en conséquence.

Les directeurs du mouvement sauveur doivent donc renoncer à toute compromission avec la Franc-Maçonnerie et la combattre sur tous les terrains.

Il faut, en conséquence, que les conférenciers, la presse périodique et quotidienne ne se lassent pas de révéler, dans tous les milieux, son véritable but; d'en faire toucher du doigt, par la théorie et la pratique, les résultats anti-sociaux, de dénoncer tous ses agissements, publics et occultes, contraires à la Loi Morale, la main-mise qu'elle a opérée sur le gouvernement et les ressources de la France, la tyrannie étroite, soupçonneuse, inepte qu'elle fait peser sur le pays et les désastreuses conséquences qui en sont déjà et en seront bien plus encore la suite évidente, dans un avenir rapproché.

Je viens de dire que l'Ange rebelle, Satan pour l'appeler par son nom, est le véritable inspirateur de la Franc-Maçonnerie, mais il ne faut pas oublier qu'elle a un auxiliaire puisssant dans le Judaïsme sectaire. Les Francs-Maçons trouvent, en ce dernier, sinon un autre maître, au moins un allié impérieux et puissant par la force de l'argent.

J'ai dit le Judaïsme sectaire, parce qu'il y a, je le reconnais, beaucoup de Juifs qui acceptent la Loi Morale et sauraient se contenter d'un état de choses qui leur assurerait, avec la liberté de conscience, celle de faire leurs affaires.

Mais, à côté d'eux, il y en a d'autres qui ne peuvent pardonner, au Fondateur de l'Eglise, la ruine de la religion hébraïque et des espérances de domination universelle que leur fait concevoir une interprétation toute matérielle des prophéties.

Leur haine contre le Christ se rencontre avec celle de Satan et ils en arrivent naturellement à prêter l'aide de leur puissance financière aux entreprises destructrices qu'il inspire. C'est ainsi que, partout où on leur laisse la liberté d'agir, on les voit semer la révolte contre la Loi Morale, répandre à pleins flots l'immoralité, abâtardissant la race, énervant les volontés, pour asseoir plus sûrement leur domination sur une humanité avilie et dégénérée.

Ce Judaïsme, déjà et depuis longtemps signalé par quelques esprits clairvoyants, doit donc être combattu en même temps que la Franc-Maçonnerie. Grâce aux écrits qui révèlent leur véritable caractère et leurs agissements. Grâce surtout aux effets désastreux qui commencent à se manifester, une campagne bien conduite et les mesures qui en seraient la conséquence, peuvent aboutir à annihiler leurs agissements et à ruiner leur influence.

§ IV. — *Choix d'une forme de Gouvernement.*

Lorsque, unis par la même pensée, les bons

citoyens auront fait la lumière sur l'existence de la Loi Morale, sur la nécessité de revenir à son observation, il faut croire que le pays, enfin éclairé, enverra, dans les Conseils Municipaux, Départementaux, à la Chambre et au Sénat, une majorité capable de prendre les mesures nécessaires pour lui assurer l'influence qu'elle doit avoir.

Ce serait, en effet, à désespérer du bon sens national si les efforts, ainsi faits pour l'instruire, aidés et complétés par les conséquences désastreuses des principes opposés, qui vont se manifestant de plus en plus, n'arrivaient pas à lui faire connaître la vérité et à lui donner l'énergie d'y revenir.

Ce serait la fin de la France !

J'y crois d'autant moins qu'on sent qu'elle commence à discerner l'erreur, à vouloir secouer le joug et surtout qu'on ne voit aucune nation capable de prendre et de remplir le rôle traditionnel et nécessaire qu'elle a joué auprès de la Papauté.

Le retour au respect et à l'observation de la Loi Morale se fera donc.

Quand et comment, c'est le secret de Dieu !

Vingt, quarante, soixante, cent ans même sont la vie de plusieurs générations, qu'est-ce pour Lui et aussi dans la vie d'un peuple ?

Espérons donc que ce pas sera franchi. Peut-être même plus tôt que nous ne pensons, si nous voulons mettre, dès à présent, en œuvre, avec tout notre courage, les ressources dont nous disposons encore.

A ce moment, l'attitude de l'Eglise, au point de vue politique, le seul que nous envisagions ici, pourra se modifier. Si, pour le rétablissement de la Loi Morale, il était et il sera toujours de son devoir de prendre l'initiative et la direction du mouvement, surtout en présence de l'ignorance, du découragement et des abstentions de trop de bons citoyens. Peut-être, lorsque cette loi sera rétablie et acceptée, sera-t-il opportun pour Elle de s'en tenir à son rôle d'interprète et de gardien vigilant de ses préceptes.

Il appartient, en effet, aux Sociétés humaines de choisir, entre les moyens licites, ceux qui leur paraissent les meilleurs pour assurer l'observation de la Loi Morale. C'est le champ d'action réservé à leur liberté.

Tant qu'elles ne dépassent pas les bornes qui

leur sont assignées, cette liberté reste entière et il est préférable, à notre époque surtout, que l'Eglise ne s'immisce pas dans leur choix.

Elle n'intervient que si ces moyens tournent ou violent la Loi Morale. Elle a, alors, le devoir de signaler en quoi consiste la violation et de frapper des peines qu'elle a le pouvoir d'édicter, ceux qui résistent à sa décision.

Mais, dira-t-on, c'est bien encore là la subordination du Pouvoir Civil au Pouvoir Religieux.

C'est vrai. Mais, nous l'avons vu, ce n'est pas l'Eglise qui l'impose, c'est le Créateur, pour le maintien de l'ordre qu'il a établi. Elle n'a donc rien de déshonorant ni d'avilissant. Elle laisse d'ailleurs intacte l'indépendance des deux Pouvoirs, puisque l'Eglise délaisse à l'autorité civile le libre choix de moyens licites d'observer la Loi Morale.

Elle peut conseiller, mais l'Autorité civile n'est pas tenue de déférer à ses conseils. Elle est libre de ne pas les suivre et de choisir d'autres moyens licites.

Son indépendance, sur ce point, est donc complète.

Les limites d'action des deux Pouvoirs sont

ainsi nettement déterminées, théoriquement au moins.

Je dis théoriquement, parce qu'en fait, lorsqu'on arrive à leurs confins extrêmes, il est quelquefois difficile de ne pas les franchir d'un côté comme de l'autre.

L'observation impartiale des faits prouve, toutefois, que, si ils ont été quelquefois franchis par quelques individualités religieuses, autres d'ailleurs que les Papes qui ne peuvent faillir, ils l'ont été bien plus souvent par l'Autorité civile.

Quoi qu'il en soit, cette détermination des limites des deux Pouvoirs fait comprendre pourquoi l'Eglise pourrait modifier son attitude, dans le sens plus haut indiqué, et laisser, désormais, à l'Autorité Civile, l'initiative des mesures à prendre.

Au point où nous sommes parvenus, la plus importante sera le choix de la forme de Gouvernement la plus apte à assurer l'ordre et la paix par l'observation de la Loi Morale.

C'est, à ce moment, que les discussions politiques pourront recommencer et chaque parti aura à arborer son drapeau et à faire ses efforts pour qu'il devienne celui de la Nation.

Sans doute les compétitions seront vives; peut-être même susciteront-elles des troubles, mais je ne crois pas que ce soit une illusion de penser qu'ils seront passagers et que cette phase, sans contredit difficile, sera heureusement franchie.

Il ne faut pas oublier, en effet, que le pays, lassé des divisions intestines, désabusé des théories socialistes, se sera retrempé dans la lutte livrée pour arriver à la restauration de la Loi Morale, qui existera, dans les Conseils Municipaux, Départementaux, à la Chambre et au Sénat, une majorité résolue à chercher, en toute sincérité, les moyens de la faire observer.

Il faut espérer, en outre, que de grands courants pourront s'établir dans l'opinion publique, éclairée par les Conférences, la Presse et surtout les évènements, sur les modes de Gouvernement les meilleurs, les plus conformes au caractère, aux traditions, aux aspirations nationales et que pourront se révéler des individualités capables, soit de diriger le mouvement, soit même d'en prendre l'initiative.

Il serait prudent de procéder par lois successives et, après celles qu'on aurait édictées pour restaurer la Loi Morale, viendraient celles qui déterminaient les formes et le mode de fonctionnement du Pouvoir.

Mais il est probable que l'on voudra rédiger une nouvelle Constitution. C'est une manie française.

Outre les inconvénients, signalés plus haut, de textes écrits, s'appliquant à des situations que les circonstances modifient sans cesse, l'expérience devrait bien nous convaincre de leur peu de solidité. Combien, depuis un siècle, en a-t-on rédigé qui, dans la pensée de leurs auteurs, devaient être éternelles et qui n'ont duré à peine qu'une génération ?

Mais peu importe, si l'on tient à en avoir une, il faudra, au moins, qu'elle précise bien les points essentiels.

Or, le premier, c'est la situation respective du Pouvoir religieux et du Pouvoir civil.

D'après ce qui a été dit plus haut, il est de toute évidence qu'il faut laisser au Pouvoir religieux la liberté qui lui est nécessaire pour remplir sa mission.

Or, ne l'oublions pas, cette mission est double.

Il a d'abord à régir et à faire fonctionner la

Société religieuse française, qui n'est qu'une fraction de l'Église catholique.

Or, cette Église a un but qui n'est pas de ce monde et des modes de procéder qui doivent s'appliquer à tous ses adeptes. Elle a donc, de ce chef, une vie propre sur laquelle le Pouvoir civil ne peut avoir aucune action et qu'il doit respecter.

Mais, en s'adressant surtout à l'âme, nous savons qu'elle s'adresse forcément à l'homme tout entier, c'est-à-dire, en même temps, à son corps.

C'est sur ce terrain qu'elle se rencontre nécessairement avec le Pouvoir civil.

Ce dernier doit, non seulement lui laisser la liberté de remplir cette première partie de sa mission, mais l'aider dans l'accomplissement de ce devoir.

Il doit le faire dans les limites que détermine la Loi Morale. L'entente peut donc être facile, puisque les deux parties sont également soumises aux prescriptions de cette loi. Elle se précisera par l'étude et la détermination, largement faite, des cas où l'État aura à prêter son concours à l'Église, soit pour assurer sa liberté, soit pour faire respecter ses décisions.

La seconde partie de la mission du Pouvoir religieux est d'assurer l'intégrité et l'observation de la Loi Morale dans la Société, ce qui a toujours été pour lui le vrai moyen d'y faire régner le progrès et la paix.

Il faudra donc organiser le mode suivant lequel le Pouvoir religieux pourra signaler au Pouvoir civil les violations aux préceptes de cette loi, d'où qu'elles proviennent et lui faire connaître l'interprétation qu'il doit donner dans les cas douteux.

Le Pape seul a qualité pour dire en quoi consistent les violations et donner les interprétations définitives nécessaires, parce que lui seul a reçu le privilège de l'infaillibilité.

Les autres membres de l'Eglise, si haute que soit leur dignité, ne peuvent, sur ces points, parler qu'en son nom et par son autorisation.[1]

Il appartient au Pouvoir civil de prendre les mesures nécessaires pour que les décisions du Pape et des Evêques soient connues et obéies.

---

[1] Il est bien entendu qu'il n'est question ici que de solutions définitives sur des points de dogme ou de morale. Quant au reste, les Evêques, divinement institués pour régir l'Eglise de Dieu, ont autorité et compétence pour interpréter et juger.

L'ensemble de l'organisation des rapports des deux Pouvoirs, qui assurera, avec leur indépendance réciproque, le concours qu'ils doivent mutuellement se prêter, pourra être réalisé, soit dans un concordat, soit par une série de lois qui seront l'expression de leurs accords.

Mais il faut, avant tout, qu'ils soient conclus, de part et d'autre, de bonne foi, sans arrière-pensée, et que les rapports, qui en résultent, soient loyaux et confiants.

Il faut aussi qu'en cas de difficultés et surtout de modification de ces accords, les deux Pouvoirs puissent facilement s'aboucher et résoudre le différend par des explications amicales et des concessions mutuelles.

Si la France voulait bien se rendre compte de la force morale que lui prêterait une pareille attitude vis-à-vis de la Papauté et les bénéfices de toute nature, qui en résulteraient pour elle, elle n'hésiterait pas à l'adopter, certaine d'ailleurs qu'elle serait, d'après ce qui vient d'être dit; qu'elle n'y perdrait rien de son indépendance et de sa liberté.

Les rapports des deux Pouvoirs étant ainsi réglés, le second point, qui devra attirer l'attention des législateurs, sera le principe sur lequel reposera l'Autorité civile.

Actuellement, celui qui tend à dominer de plus en plus, c'est que le Pouvoir réside dans la Nation et que toute autorité découle d'elle seule. Elle est libre d'en investir qui elle veut avec le mandat qui lui plaît.

Autrefois, on admettait, au contraire communément, que tout pouvoir venait de Dieu seul, et que la Nation n'avait qu'à obéir à celui qui était revêtu de cette Autorité.

Ces deux théories sont également inexactes et incomplètes.

La première, parce qu'elle ne tient aucun compte des droits du Créateur.

La seconde, parce qu'elle méconnaît ceux de la créature.

La Nation, n'étant qu'une réunion de créatures, unies par la communauté de race, de traditions et d'intérêts, ne peut avoir, à l'encontre du Créateur, plus de droits que ces créatures elles-mêmes.

Or, elles sont évidemment soumises à leur Créateur, n'ayant d'autres droits, d'autre pouvoir que ceux qu'il leur a accordés.

Tout pouvoir vient donc de Dieu et toute autorité, découlant de lui seul, ne peut être exercée qu'en son nom.

Mais, d'un autre côté, il n'est pas moins évident que le Créateur a donné aux nations la faculté de désigner ceux qui exerceront cette autorité.

L'observation historique prouve, en effet, qu'aucun pouvoir n'a pu se maintenir contre la volonté persistante de la nation et sans une acceptation formelle ou tacite de sa part.

La vérité, sur ce point, est donc que toute autorité, procédant du Créateur, on ne peut l'exercer qu'en son nom, mais qu'il laisse à la nation la faculté de désigner celui par lequel cette Autorité sera exercée.[1]

Il résulte, de cette double délégation de l'Autorité et de son exercice, que celui qui la détient a deux séries de devoirs à remplir : ceux qui découlent de la délégation du Créateur et qui comportent l'obligation de faire observer la Loi Morale ; ceux qui découlent de la désignation

---

[1] Pour simplifier, j'appellerai désormais cette faculté : *Droit de délégation de l'exercice de l'Autorité*, pour la distinguer *de la délégation directe de l'Autorité* elle-même par le Créateur.

populaire et qui consistent à remplir exactement les obligations qui lui ont été imposées par le mandat qui lui a été donné.

Ces deux séries de devoirs sont distinctes l'une de l'autre, mais la première l'emporte nécessairement sur la seconde. En conséquence, la volonté nationale ne peut imposer aucune obligation qui serait contraire à la Loi Morale.

Ce sont ces principes qu'il faut nettement proclamer et qui doivent inspirer l'organisation politique, aussi bien que les actes de ceux qui seront revêtus de l'Autorité.

Ce sont eux, dans tous les cas, qui doivent guider et déterminer ceux qui auront mission de choisir la forme définitive de gouvernement.

Ils simplifient la question, parce qu'ils écartent, nécessairement, les formes de gouvernement qui reposent sur les erreurs signalées plus haut.

Ainsi devient impossible le choix :

1° D'un gouvernement de droit divin pur, puisque cette forme ne reconnaît que la délégation de l'Autorité par le Créateur et dénie, à la nation, la faculté de déléguer l'exercice de cette autorité ;

2° De toutes les formes de gouvernement qui méconnaissent le droit de Dieu, telles que le Communisme, le Socialisme d'Etat, la Démocratie pure, qui placent, dans la nation, la source de toute autorité et attribuent, à elle seule, le droit de sa délégation et de son exercice.

On reste donc en face de deux formes licites de gouvernement : La forme républicaine ou la forme monarchique.

Et encore reposeront-elles, toutes deux, sur les mêmes bases et ne différeront-elles que par les conditions qui seront imposées à la délégation de l'exercice de l'Autorité par la nation.

Dans la première, en effet, la délégation de l'exercice de l'Autorité sera, pour le chef du gouvernement, quelquefois à vie, le plus souvent à court terme.

Elle se fera également par la Nation, ou en son nom, pour tous les autres postes.

Dans la seconde, elle sera habituellement héréditaire pour le chef du gouvernement ou, tout au moins, se fera parmi les membres d'une même famille et les fonctionnaires ne seront que les mandataires de celui qui détiendra le Pouvoir.

Il en résultera, comme différence principale, que, dans la première forme, la nation prendra une part plus active et plus directe à l'exercice du pouvoir et que l'opinion publique aura une influence plus grande sur les décisions du gouvernement.

C'est en vain que tous ceux qui nient, soit l'existence du Créateur, soit, tout au moins, son action dans l'humanité, soutiennent que cette double délégation de l'Autorité est inexistante ou inutile et qu'en fait, celle de la nation suffit.

L'histoire nous montre que tous les peuples prospères ont toujours, expressément ou tacitement placé, dans la Divinité, la source de toute autorité humaine et admis la double délégation de l'Autorité.

Elle démontre, non moins clairement, que tous les peuples, qui l'ont ignorée ou méconnue, n'ont jamais eu que de courtes périodes de paix et que les discussions et les troubles ont été leur état ordinaire.

Il suffit de rappeler la situation de tous les peuples de l'antiquité, lorsque la notion de la Divinité fit place au scepticisme et au matérialisme et, plus près de nous, les tristes conséquences qu'a eu, pour la France, l'adoption et la mise en pratique des théories matérialistes.

Ce n'est point étonnant. La logique veut qu'il en soit ainsi. Placer la source de toute autorité dans la nation, c'est la placer dans l'homme même. C'est, par conséquent, la soumettre aux variations, aux inconséquences, aux injustices qu'engendre le vice originel. C'est lui enlever son prestige et son efficacité, car, jamais l'homme ne courbera volontairement la tête devant son semblable. C'est enfin substituer le règne de la force brutale à celui de l'obéissance volontaire, basée sur l'adhésion raisonnée aux ordres d'une puissance supérieure à celui qui commande et à celui qui obéit.

Il faut donc en revenir, bon gré mal gré, à la double délégation de l'Autorité, qui, seule fondée en théorie, a seule donné, en fait, de bons résultats.

D'où la conséquence que l'on n'a donc bien à choisir licitement qu'entre la forme républicaine et la forme monarchique, telles que nous les avons déterminées plus haut.

Chacune d'elles présente ses avantages et ses inconvénients.

Avec la première, les énergies individuelles sont plus vivement sollicitées.

L'habileté, le travail, la bonne conduite peuvent conduire aux plus hauts postes, même à celui de chef du gouvernement, les individualités parties des derniers rangs de la Société. Il en résulte une vie plus intense qui favorise le progrès.

Les citoyens, prenant tous une part active et continuelle au gouvernement, savent et peuvent mieux se défendre contre les injustices ou les tracasseries de l'administration. Les rapports entre gouvernants et gouvernés sont plus fréquents et plus familiers. Chaque individualité, arrivant au pouvoir, y apporte ses idées personnelles, d'où découlent souvent des initiatives heureuses. Les traitements des fonctionnaires, la liste civile des chefs d'État étant en général plus modestes, les dépenses de luxe sont moins élevées et la simplicité plus grande.

Enfin, l'habitude et l'obligation du travail donnent moins de prise à l'oisiveté et au plaisir, qui dissolvent les forces vives d'une nation.

Ces avantages sont compensés par des inconvénients, dont voici les principaux :

La transmission du pouvoir est souvent un moment de crise et quelquefois de trouble, nuisible à la marche des affaires et à la prospérité nationale.

La multiplicité des convocations, pour remplir les devoirs de citoyen, gène et finit par lasser les électeurs qui, trop souvent, se désintéressent et laissent le champ libre aux politiciens de profession.

La courte durée des mandats provoque l'instabilité des fonctionnaires, leur empêche d'acquérir l'autorité que donne la longue résidence, la connaissance de leurs administrés et des affaires locales. Elle est un obstacle aux améliorations et aux réformes de longue haleine, donne trop de prééminence à celles qui ont un résultat immédiat et quelquefois éphémère.

L'observation des faits prouve aussi que, sous l'empire des sollicitations du vice originel, la nation, par l'exercice direct du pouvoir, tend trop facilement à oublier que sa source est en Dieu. Elle méconnait trop vite les droits qu'il s'est réservé.

Trop souvent elle délègue l'exercice du pouvoir à des mains peu capables ou indignes. Aussi ses élus ne font-ils que refléter la médiocrité de la masse.

La forme monarchique présente les avantages et les inconvénients inverses. Ils ont été exposés dans la troisième partie. Je les résume ici :

La transmission du pouvoir, réglée par la loi ou la coutume, se fait, généralement, sans troubles et par une dévolution régulière. Cette dévolution, toujours exercée dans la même famille, accroît son prestige, lui donne une autorité plus grande et plus facilement acceptée. Elle incarne et représente mieux la nation qu'un Président de passage, souvent sans passé et sans avenir.

La longue détention du pouvoir finit par identifier les intérêts de la famille régnante avec ceux du pays et, en assurant l'avenir, lui permet d'entreprendre et de mener à bien les entreprises ou les réformes que le temps seul permet de réaliser efficacement.

La longue résidence des fonctionnaires, l'habitude du commandement donnent à leur autorité plus d'action, en même temps que plus de compétence et de douceur.

Le chef du gouvernement a tout intérêt à les bien choisir et à faire, aux autorités sociales, pour ce choix, un appel toujours écouté. Aussi, lorsque lui-même est doué de qualités supérieures, peut-il, mieux que tout autre, non seulement maintenir, mais même accroître, dans une large mesure, la prospérité nationale.

Par contre, si celui que l'hérédité appelle au Pouvoir est un homme nul ou médiocre, la nation souffre et la prospérité décroit.

La famille régnante arrive aussi, trop facilement, à oublier les droits de la Nation, à gouverner sans son concours et à devenir, quelquefois, oppressive.

Par suite de la continuité, de la stabilité du Pouvoir et du défaut d'un contrôle national suffisant, la routine s'installe trop facilement dans toutes les branches de l'administration.

Enfin, le long exercice des mêmes fonctions arrive à les faire considérer comme un droit acquis aux familles.

Si l'on veut résumer, d'un mot, le trait dominant de la forme républicaine, on peut dire qu'elle représente surtout l'esprit de nouveauté, tout comme la forme monarchique incarne, spécialement, l'esprit de tradition.

En conservant les avantages de celles de ces

formes qu'ils ont adoptée, les peuples s'efforcent de remédier aux inconvénients ou de les pallier. C'est ainsi que la Suisse, par l'autonomie cantonale, fermement maintenue, et le referendum populaire, contrebalance l'initiative parfois trop hardie de ses mandataires, que les Etats-Unis, avec le self-gouvernement de chacun d'eux, ont le Tribunal, ou Cour suprême, qui les domine tous et auquel on peut recourir, pour toutes les violations à la constitution et aux lois, d'où qu'elles émanent; que les nations, qui vivent sous la forme monarchique, ont entouré le Souverain d'institutions chargées de renfermer, dans de justes bornes, l'exercice de son pouvoir et de le contrôler.

Le fait, que toutes, en général, conservent la forme qu'elles ont choisie et qu'elles prospèrent, semble bien indiquer que les moyens employés par elles pour parer aux inconvénients, sont suffisamment efficaces et que, s'ils ne sont pas l'unique cause de leur prospérité, ils en sont, au moins, un facteur important.

Quoi qu'il en soit, c'est, sur l'une de ces deux formes, que devra se porter le choix de l'Assemblée appelée à doter la France d'un gouvernement régulier et, s'il se peut, définitif.

La forme républicaine est-elle viable en France ?

Si on continue, comme on l'a fait jusqu'à présent, à ne pas vouloir admettre la double délégation du Pouvoir, si on persiste à affirmer l'omnipotence absolue du peuple, source unique de toute autorité, en méconnaissant les droits du Créateur, on peut, nettement, affirmer qu'elle ne l'est pas et ne le sera jamais, en s'appuyant sur la théorie et l'observation des faits.

Il en serait autrement, si on reconnaissait et adoptait, dans la constitution et les lois, cette double délégation avec ses conséquences.

La forme républicaine serait alors viable. Ce qui le prouve, c'est, non seulement le fonctionnement normal et la prospérité actuelle de la Suisse et des Etats-Unis, mais aussi la situation de la France, en 1873, lorsque l'Assemblée nationale, impuissante à rétablir la forme monarchique, qu'au fond elle désirait en majorité, aboutit à la forme républicaine.

A ce moment, implicitement tout au moins, la double délégation du Pouvoir était admise et les gouvernements de Thiers et de Mac-Mahon agissaient comme si elle existait. Aussi, dans ces années qui ont trop peu duré, la France a-t-elle fait preuve, au lendemain d'un désastre sans nom, d'une vitalité qui a étonné le monde ; l'ordre, la paix, la sécurité, la saine liberté se sont-ils rétablis d'une façon telle, qu'un religieux, appartenant, par sa famille et les traditions mêmes de son ordre, à un milieu peu sympathique à la forme républicaine, me disait, à cette époque, qu'il ne demandait pas autre chose que le maintien indéfini d'un pareil régime.

Malheureusement, il n'a pas duré et l'avènement au Pouvoir, après le 16 Mai, d'un gouvernement, qui ne reconnaissait sa source que dans le peuple, a amené peu à peu les difficultés dans lesquelles nous nous débattons.

Cette évolution devait se produire. Elle est dûe à des causes qui, tant qu'elles subsisteront, rendront bien difficile l'établissement définitif de la forme républicaine dans notre pays.

Il n'existe, en France, aucune des institutions qui, dans les pays républicains, éclairent le peuple sur la véritable nature et l'étendue de ses droits et protègent la Constitution contre les entreprises des ambitieux ou des brouillons.

Nous n'avons, en effet, ni Referundum populaire organisé, ni Tribunal, suprême et indépendant, gardien de la Constitution, ni province ou état ayant une vie propre et une orgaisation assez puissantes pour résister, efficacement, aux empiètements du Pouvoir central. Ce dernier reste ainsi maître absolu de la chose publique.

Or, composé d'hommes soumis, comme les autres, aux défaillances du vice originel, il n'est pas étonnant que, sous la poussée des passions et sans responsabilité effective, il en arrive peu à peu à tous les abus, jusqu'au moment où, les bornes de la patience populaire étant dépassées, il est brutalement balayé.

L'ordre, incarné alors pendant quelques années par un bâton ou un sabre, dure tant qu'il n'indispose pas trop par ses violences ou ses maladresses.

Mais, lorsqu'à leur tour elles comblent la mesure, il est chassé comme l'autre.

C'est le jeu de bascule auquel nous assistons depuis le commencement du siècle dernier et qui se continuera jusqu'à la culbute finale.

Ce n'est pas une situation acceptable.

Pourra-t-on jamais remonter ce courant qui entraine fatalement la forme républicaine à sa ruine ?

En théorie, c'est possible, mais, en fait, je crains qu'on ne se soit fait et qu'on ne se fasse encore de grandes illusions.

Nous sommes, en effet, trop habitués à nous courber devant le Pouvoir, quel qu'il soit. Nous sommes trop centralisés. Des provinces, il n'existe plus que le souvenir. Les départements ne sont qu'une expression administrative, sans cohésion et sans force suffisantes pour exercer une influence sérieuse sur la marche des affaires nationales. Les Communes, tenues dans une tutelle étroite et tracassière, n'ont aucune vie propre. La vieille aristocratie, capable de contrôler les actes du Gouvernement, de servir d'arbitre entre le peuple et lui, est dissoute. Les autorités sociales n'ont pas les moyens de faire valoir leur influence, en admettant qu'elles en aient la volonté. L'éducation actuelle ne développe, en général, chez l'individu, ni la connaissance de ses droits et de ses devoirs sociaux, ni le sentiment de sa responsabilité politique, ni la force de volonté qui sont plus nécessaires sous la forme républicaine que sous toute autre.

Dans ces conditions, en admettant même qu'on adopte des mesures modératrices, telle que le

Referendum populaire, le Tribunal suprême, le Gouvernement resterait encore trop fort et elles ne suffiraient pas pour renfermer son action dans de justes bornes.

Il faudrait réorganiser les provinces, les communes, leur rendre la vie et la force de résistance, donner aux autorités sociales les moyens légaux de faire prévaloir leurs conseils.

Il faudrait modifier le caractère national, lui donner la trempe voulue pour que, tout en restant soumis au pouvoir central, il sache résister lorsqu'il empiète sur les droits individuels ou viole la loi. Il faudrait lui infuser plus de traditionalisme, diminuer en lui cet esprit de nouveauté, qui, tempéré par la stabilité monarchique, lui a permis de prendre toutes les initiatives heureuses et d'accomplir ces grandes choses que l'on a appelé : *Gesta Dei per Francos*.

Il faudrait, surtout, enlever de l'esprit du peuple cette mentalité par laquelle il croit que la forme républicaine, l'investissant d'un pouvoir souverain, le dispense de la soumission aux lois.

Sont-ce des changements possibles ?

Évidemment oui, mais au prix de quelle perte de temps, de quels efforts, de quelles luttes. Ne l'a-t-on pas déjà trois fois tenté, pour n'arriver qu'à de bien piètres résultats ?

Si, encore, c'était indispensable, si la forme républicaine était la seule qui pût assurer, avec l'ordre, la prospérité et la paix, le libre et plein exercice du pouvoir légitime du peuple, il ne faudrait pas hésiter à le faire pour assurer le bonheur définitif de la France.

Mais il n'en est pas ainsi. La forme monarchique, quoi qu'on en dise, a assez d'élasticité pour assurer au peuple le complet exercice de son pouvoir.

Je ne crois pas non plus qu'on puisse nier qu'elle ne cadre mieux avec le tempérament, les traditions et l'unité nationales.

Il me paraît donc plus simple de l'adopter, sans perdre peut-être un temps précieux à changer l'état de l'âme française et ses institutions, pour les rendre capables de supporter le fonctionnement de la forme républicaine.

J'estime que ce serait la conclusion la plus sage à laquelle pourraient aboutir les délibérations de l'Assemblée, chargée de choisir la forme de Gouvernement, si les illusions des uns et les passions des autres ne viennent pas, comme elles le font trop souvent, les troubler et les fausser.

Mais, en l'adoptant, elle devra prendre les mesures nécessaires, soit pour bien établir la distinction entre la délégation du Pouvoir et celle de son exercice, soit pour remédier aux inconvénients que présente la forme monarchique.

Or, pour fonder quelque chose de durable, il ne faut pas, ainsi que l'ont fait les législateurs de 1793, bâtir une constitution purement théorique, sans s'inquiéter si et comment elle peut être pratiquement appliquée. Il est de toute nécessité, au contraire, de l'adapter le mieux possible aux traditions, aux coutumes, aux habitudes, de façon à ce que son établissement et son fonctionnement s'opèrent sans secousses et, pour ainsi dire, sans qu'on s'en aperçoive.

Il faut aussi ne pas se contenter de ses propres lumières et voir comment les autres peuples ont résolu la question.

Or, parmi toutes les constitutions qui régissent les gouvernements à forme monarchique, la meilleure parait être la constitution anglaise.

Mais, dira-t-on, c'est d'elle que nous vient le régime parlementaire et c'est la pratique de ce régime qui est une des principales causes de la situation et du désarroi actuels dans notre pays.

C'est vrai, mais, avant de rejeter ce régime, auquel, en définitive, nous sommes habitués et dont les cadres tout prêts serviraient à passer facilement de la forme républicaine à la forme monarchique, il faut savoir s'il a été bien ou mal pratiqué et s'il a été pourvu de tous les rouages qui le font fonctionner, sans à coups et sans heurts trop violents, en Angleterre et ont valu à ce pays une si longue suite d'années prospères.

Pour peu que l'on examine, on verra bien vite que l'on n'a créé en France, si je puis ainsi parler, que le squelette du régime, mais sans lui donner la vie nécessaire à son fonctionnement normal et utile.

La Constitution anglaise, qui, bien que non écrite, est une des plus anciennement en vigueur, assigne, au contraire, à la Souveraineté, à la Chambre des Communes, et à celle des Lords, des missions que les coutumes et les lois ont déterminées, tout en leur donnant les moyens de les remplir.

Le Souverain, par le fait même de son accession au trône, est investi de l'autorité qu'il tient de Dieu, mais il ne peut l'exercer que lorsqu'il a prêté serment d'observer la constitution, qu'il a été proclamé par les deux chambres et qu'il a, ainsi, reçu d'elles la délégation de l'exercice du pouvoir.

De cette double délégation, naissent pour lui les devoirs et les droits que nous avons indiqués plus haut et que la Constitution lui laisse librement exercer.

La Chambre des Communes, de son côté, peut, en toute liberté, exercer son droit de contrôle sur les finances et examiner si le Souverain se renferme dans le mandat qui lui a été donné au moment de sa prestation de serment.

La grande situation que la Constitution et les lois assurent aux membres de la Chambre des Lords, les services qu'ils ont rendu et la considération qui en est la conséquence, leur a permis de jouer efficacement le rôle de modérateurs et d'arbitres entre les souverains et le peuple, aussi bien que celui de gardiens des coutumes et des traditions nationales.

En effet, unis au peuple, à l'origine, ils ont lutté avec lui contre la Royauté, omnipotente par droit de conquête, soit pour résister à sa tyrannie, soit pour obtenir les libertés nécessaires.

Ces rapports avec le peuple, joints à leur facilité d'accès auprès du Souverain, les avaient ainsi rendus les arbitres naturels de leurs démêlés, leur conseil et leur aide dans les difficultés de la vie politique.

Il résulte de cette détermination des droits et des devoirs des trois organes du Pouvoir, de la facilité et de la liberté qui leur sont laissées pour exercer les premiers et remplir les seconds, une pondération, un équilibre qui assurent la marche du gouvernement.

Toute autre est la situation en France.

La Nation, étant souveraine et la source unique de toute autorité, il en résulte que le chef de l'Etat, la Chambre des députés, le Sénat n'ont pas d'autres droits ni d'autres devoirs que ceux qu'ils tiennent d'elle.

Comme la Chambre des Députés est celle dont le mandat se renouvelle le plus souvent, elle finit par prédominer, parce qu'elle est censée incarner les dernières volontés du peuple.

Le chef de l'Etat ne peut s'appuyer efficacement sur rien pour lui résister. La Constitution de 1875 lui a bien donné quelques moyens, mais ceux qui se sont succédés dans ce poste ne s'en sont jamais servi. Ils les sentaient inefficaces pour lutter contre l'omnipotence populaire et ils comprenaient qu'à leur première résistance, ils leur seraient enlevés. C'est ainsi qu'ils ont été peu à peu ravalés au rôle de machine à signer et de mannequin pour représenter l'État dans les cérémonies officielles ou les visites aux souverains étrangers.

On pourrait s'en passer facilement et ce serait une économie tout indiquée à faire, en présence de nos finances obérées.

Le Sénat n'a pas une force de résistance plus grande. Il est bien, comme la Chambre des Députés, élu par le peuple, mais, l'étant moins directement, il incarne moins bien sa volonté.

Sur quoi d'ailleurs pourrait-il s'appuyer pour lui résister victorieusement ? Il n'est ni composé en majorité d'autorités sociales, que les électeurs écartent d'ailleurs de plus en plus, ni de gens auxquels la richesse, la situation de famille, jointes aux services rendus, donnent le point d'appui nécessaire pour lutter contre les caprices populaires. La source de son autorité étant la même que celle du chef de l'État, n'étant, comme lui, que le mandataire du peuple, quel droit peut-il avoir pour exercer le rôle d'arbitre entre le gouvernement et la Chambre des Députés qui incarne la volonté de la Nation et sur quoi peut-il s'appuyer pour faire exécuter ses décisions ?

Aussi, par la logique même des choses, en arrive-t-il à remplir un rôle de plus en plus effacé et pourrait-il être supprimé, sans beaucoup plus d'inconvénient que le chef de l'Etat.

La Chambre des Députés tend donc à devenir le seul organe de gouvernement.

Comme elle représente, sans contrepoids, l'omnipotence nationale et que cette omnipotence est anonyme, c'est-à-dire sans responsabilité effective, on voit jusqu'où peuvent aller ses écarts et on comprend les dangers que courent la liberté individuelle et la sécurité nationale.

L'expérience de chaque jour prouve d'ailleurs le bien fondé des déductions logiques.

On parle de la faillite du régime parlementaire en France. Cela devait arriver. Il n'y a jamais fonctionné dans des conditions réellement viables. Ce n'est donc pas étonnant qu'il n'ait pu vivre. C'est le contraire qui le serait.

Pour qu'il rende les services qu'on est en droit d'attendre de lui, il faut le remettre sur pied, imiter l'Angleterre dans la mesure où le permettent nos coutumes, nos traditions, notre caractère national et, s'il se peut, profiter de l'expérience acquise pour faire mieux, si c'est possible.

Dans ces conditions et sauf meilleur avis, voici les mesures que pourrait discuter l'Assemblée chargée d'établir le régime qui devra régir la France.

Elles seront :

La première, de proclamer nettement que, si le chef de l'Etat règne et gouverne avec le consentement de la Nation, il tient directement l'autorité de Dieu et l'exerce en son nom.

La seconde, de reconnaître que des devoirs et des droits distincts découlent, pour lui, de cette double investiture ; que ceux qui naissent de l'investiture divine sont en dehors et au-dessus de la volonté nationale ; qu'ils consistent, essentiellement, à faire observer les préceptes de la Loi Morale indispensables à la vie sociale ; que, dès lors, le Souverain tient directement de Dieu, et non du peuple, les pouvoirs nécessaires pour assurer cette observation et que la Nation n'a que le droit de discuter, avec lui, les formes dans lesquelles il doit les exercer.

La troisième, qu'en ce qui concerne les devoirs et les droits qui naissent de l'investiture populaire et qui consistent surtout dans la part que doit avoir le Souverain dans le gouvernement, le peuple a le droit, non seulement de déterminer les limites et les conditions dans lesquelles il pourra l'exercer, mais aussi de surveiller l'exercice de ce mandat et de s'en faire rendre compte.

C'est en vertu de cette distinction que sera réservée au Souverain l'initiative des lois qui concerne le libre exercice du culte, notamment de celui de la Religion catholique, de celles qui permettront à cette religion de remplir son devoir de gardienne et d'interprète de la Loi Morale, de celles qui assureront l'ordre et la paix entre les individus, dans les familles et dans les Associations, sauf à réserver au peuple le droit de se concerter avec lui pour les moyens à employer.

Elle lui réservera également le droit de rendre la Justice, ainsi que celui de s'opposer à toute entreprise qui aurait pour but de méconnaître la Loi Morale ou d'en entraver l'observation.

Elle déterminera comment et avec quels auxiliaires il gouvernera, de quelle façon il entrera en relations avec les représentants du peuple, auxquels il devra rendre compte de son mandat.

Elle examinera si le système de ministres responsables n'a pas du bon et s'il ne faut pas le conserver, tout en l'améliorant, c'est-à-dire en ne laissant pas le Conseil des Ministres absorber le pouvoir et réduire le Souverain au rôle de soliveau.

Les Ministres doivent rester les délégués du Souverain, gouverner en son nom, sous ses ordres et sous sa direction.

Ils servent, qu'on me passe l'expression, de tampons entre le Souverain et les représentants du peuple. Ils évitent ainsi ce que les discussions personnelles peuvent avoir d'irritant et ce que les blâmes de sa politique, formulés par des votes, directement et personnellement hostiles, auraient d'amoindrissant pour son autorité, mais il doit rester maître de les choisir comme il l'entend, même contre les indications que peuvent fournir les décisions de la Chambre.

Ce droit est, en fait, peu redoutable, car il est purement théorique, aucun Souverain n'osant se risquer, surtout à notre époque, à gouverner avec des ministres ayant contre eux une majorité, nettement et persévéramment hostile.

L'Assemblée constituante, comme quatrième mesure, devra prendre les moyens pour faciliter au peuple son droit de contrôle, sans qu'il dégénère en inquisition, tracasserie ou obstruction.

Tous les citoyens, ne pouvant le faire eux-mêmes et à la fois, devront désigner leurs délégués, dont la réunion constituera la Chambre des Députés. Mais, ainsi que cela a été indiqué plus haut, l'Assemblée constituante devra veiller à ce que toutes les opinions aient une représentation proportionnelle à leur importance et à ce qu'on ne fasse choix que de gens capables de les bien représenter.

Ces délégués, une fois nommés, l'Assemblée constituante devra préciser la nature de leur mandat et les conditions dans lesquelles ils devront l'exercer.

Il faut mettre des freins à leurs empiètements et c'est, pour ne l'avoir pas fait, que le régime parlementaire se désagrège peu à peu en Angleterre et qu'en France, il est le paravent qui cache la pire des tyrannies, celle du nombre irresponsable.

288

Le premier frein sera, ainsi qu'il a été dit plus haut, de ne leur laisser d'initiative, en ce qui touche la Religion, la Loi Morale, la Justice, que sur les formes dans lesquelles le Souverain pourra exercer son autorité ou pour activer son action, en cas d'inertie de sa part.

S'ils refusaient les fonds nécessaires pour assurer ces services, le Tribunal des Conflits[1] pourrait, en cas de désaccord irréductible et si la Chambre haute ne parvenait pas à vaincre l'obstination des Députés, être saisi de la question et statuer souverainement.

Le second sera de bien déterminer les conditions et les formes dans lesquelles la Chambre des Députés devra remplir son devoir de surveillance et de contrôle des actes du Gouvernement découlant du mandat donné au Souverain.

Le plus important de ces droits est, sans contredit, la surveillance de la gestion financière.

Il faudrait, en conséquence, que le vote du

---

[1] Ce Tribunal, qui existe maintenant, devrait être réorganisé complètement, pour répondre aux devoirs nouveaux qui lui incomberaient. Il devrait l'être de façon à présenter toutes les garanties possibles d'indépendance, d'honorabilité et de compétence.

budget fût la première des occupations de la Chambre des Députés. Ne serait-il pas prudent, dans cet ordre d'idées, de ne lui accorder le droit de discuter d'autres sujets qu'une fois par semaine, par exemple, jusqu'au vote du budget et encore à la condition qu'ils aient un caractère d'urgence évident, ce dont pourrait être juge, en dernière analyse, le Tribunal des Conflits.

Le troisième frein serait, tout en laissant aux Députés comme au Souverain, l'initiative des autres lois, qu'ils ne puissent les discuter et les voter qu'après avoir été mises sur pied par le Conseil d'Etat et présentées par lui.

Le quatrième frein serait de réserver, au Gouvernement, le droit, après le vote du budget, de clore la session, sauf recours au Tribunal des Conflits, pour éviter d'entretenir une agitation quelquefois dangereuse et empêcher la Chambre de s'ingérer dans ce qui doit rester étranger à son pouvoir. Le complément de cette mesure serait de ne donner aux députés qu'une indemnité modeste, n'assurant pas leur existence à Paris pour l'année entière. Ils auraient moins la tentation de prolonger la session en dehors des limites utiles.

Enfin, il serait bon de supprimer ces cartes de libre circulation, sur tous les réseaux, qui ne sont souvent, pour les Députés, qu'un moyen commode d'aller porter l'agitation dans des circonscriptions où ils sont étrangers.

Le cinquième frein sera le contrôle effectif de la Chambre haute. Il ne faudrait pas qu'elle se contentât d'être, comme le Sénat actuel, une simple chambre d'enregistrement. Les lois ne devraient être exécutoires qu'après avoir été sérieusement discutées et votées par elle. Si, en matière de finances, on peut admettre que ses amendements ne puissent augmenter les charges des contribuables, il faudrait, dans tous les cas, lui réserver le droit de se refuser à voter la loi de finances qui serait contraire à la Constitution ou qui aurait pour résultat d'entraver l'exercice des pouvoirs que le Souverain tient de la délégation divine.

En ajoutant à ces freins les mesures propres à sauvegarder la dignité et la responsabilité de la Chambre, soit en lui enlevant le droit de valider les élections qui la concernent, pour le réserver au Tribunal des Conflits, soit en n'admettant, au moins pour les lois essentielles, que le vote personnel, soit en assurant la sincérité des votes, soit en prenant les moyens pour obliger à l'assiduité aux séances, on arriverait à avoir une Chambre respectable, connaissant son devoir, sachant le remplir, digne, en un mot, de la confiance qu'auront mis en elle ses mandants.

L'organisation de la Chambre haute exigerait des remaniements plus profonds encore.

Pour la rendre capable de remplir son triple rôle de conservatrice de la Constitution, de contrôleur des actes de la Chambre des Députés et d'arbitre entre elle et le Souverain, il faut évidemment la composer de ce qu'on appelle les Autorités sociales, en leur assurant l'indépendance, la consistance, la permanence qui, seules, peuvent leur donner l'autorité nécessaire pour remplir utilement leur mission.

Or ces autorités sociales peuvent se classer en trois catégories.

La première, la plus méritante et la meilleure, comprend ceux qui, à quelque classe qu'ils appartiennent, se sont élevés par leur intelligence, leur volonté, leur travail, leur conduite et les services qu'ils ont rendus.

La seconde est formée par ceux que l'ancienneté de la famille, l'illustration et les services des ancêtres signalent à l'attention publique.

La troisième, enfin, comprend tous ceux qui s'imposent par leur grande situation pécunière.

C'est dans ces trois catégories que les membres, qui composeront la haute Assemblée, devront être choisis.

Mais comment le seront-ils ? qui les désignera ? C'est ce qu'il faut étudier.

La haute Assemblée pouvant être appelée à servir d'arbitre entre le Souverain et le peuple, il faut que tous les deux y aient des représentants, qui, tout en restant indépendants, pourront, cependant, défendre utilement leurs intérêts.

Pour le Souverain, on pourrait admettre, comme faisant partie de droit de l'Assemblée, les Maréchaux, les Amiraux, les Cardinaux, les Présidents de la Cour de Cassation, de la Cour des Comptes, car il est probable qu'ils appartiennent à une des catégories sociales indiquées et qu'ils ont la confiance du Souverain.

Celui-ci aurait le droit de leur adjoindre d'autres collègues, de façon à former ainsi un quart de la haute Assemblée.

La nation pourrait désigner le second quart.

Mais, comme le mandat n'est pas le même que celui de la Chambre des Députés, il faudrait un mode de nomination qui, tout en faisant des élus les mandataires du peuple, permit de ne les prendre que parmi les autorités sociales.

Peut-être le meilleur moyen serait-il de classer les électeurs par larges catégories : Agriculture, Commerce, Industrie, Finances, Justice, etc., etc., qui, dans chaque ressort de Cour d'appel, ou circonscription de corps d'armée, formeraient les colléges électoraux chargés de désigner les élus du 1ᵉʳ degré.

Ceux-ci, électeurs du second, pourraient être groupés d'après leurs intérêts et, selon leur importance, disposer d'un ou plusieurs sièges.

Ce serait un classement à opérer, mais qui devrait être fait par les intéressés eux-mêmes et avec recours, en cas de difficultés, au Tribunal des Conflits, qui statuerait également sur la validité des élections.

Il est à croire que, dans ces conditions, les choix ne porteraient, en majorité tout au moins, que sur de véritables autorités sociales. On pourrait, au surplus, exiger des élus certaines conditions d'âge et de capacité, qui achèveraient de garantir la valeur des choix.

Les deux autres quarts se recruteraient, par voie d'hérédité, dans l'Aristocratie.

Ce sont eux, en réalité, qui, par leur pleine indépendance et leur haute situation sociale, pourraient, vraiment et efficacement, se poser en arbitres et avoir l'autorité morale nécessaire pour maintenir les traditions nationales, dans ce qu'elles ont d'utile et de respectable, contre les attaques, que serait tentée de leur faire subir la Chambre des Députés, poussée par l'esprit de nouveauté.

Mais, me dira-t-on, en prenant la moitié de la Chambre haute dans l'aristocratie, vous en rétablissez une et, par le fait, vous détruisez l'égalité sociale, vous reconstituez les classes, vous anéantissez toutes les conquêtes de la Révolution, vous êtes un rétrograde !

Tout cela ce sont des mots, je dirais même des rengaines. En fait, l'observation le prouve, il y a toujours une classe qui mène les autres dans toutes les sociétés, même les plus démocratiques et les plus égalitaires. C'est indispensable, parce que la majorité, obligée de trouver sa subsistance dans le travail quotidien, n'a pas le temps de s'occuper des affaires publiques et de se former à leur maniement. Elle est donc obligée de s'en remettre à ceux qui ont les loisirs de le faire. Lorsque l'influence de ces derniers n'est basée, ni sur les services rendus, ni sur l'hérédité et la position de la famille, elle se fonde ou sur la richesse, qui est la plus imparfaite de toutes les sources d'influence, ou sur l'intrigue, source franchement mauvaise.

Or, c'est l'une de ces deux alternatives qui prévaut fatalement dans les sociétés où l'aristocratie est dissoute, ne connaît plus ses devoirs, les néglige ou ne peut plus les remplir.

C'est ce dont nous souffrons depuis 1789.

Il faut donc rétablir l'Aristocratie, mais on doit le faire de façon à éviter les reproches encourus, non sans raison, par celle de l'ancien régime et la mettre au niveau de la tâche qu'elle doit remplir.

Est-ce possible ?

Je le crois.

Il faut, d'abord, qu'il soit bien entendu que l'Aristocratie nouvelle ne jouira d'aucun privilège l'exemptant d'une charge nationale quelconque ou que, si on lui en constitue, ils soient l'équivalent d'une charge nettement déterminée.

Il faut qu'elle soit la récompense de services rendus, à la fois par les ancêtres et par celui qui en bénéficie, de façon à ce que tout aristocrate puisse joindre, à l'influence de sa famille, celle qu'il aura acquise personnellement.

Il faut que cette Aristocratie possède une fortune territoriale qui lui permette d'avoir l'influence qu'elle donne pour remplir ses devoirs de patronage et d'aide sociale.

Il faut, enfin, qu'elle soit accessible à toutes les autres classes, à titre de récompense, et que les individualités, une fois régulièrement admises dans son sein, soient traitées, par leurs pairs, sur le pied de la plus parfaite égalité et, par le reste de la Nation, avec le respect dû à une récompense méritée.

Les moyens pratiques pour réaliser ces conditions me paraissent faciles à trouver.

Ainsi, on pourrait, tout d'abord, donner la noblesse héréditaire, ou seulement à vie, selon des distinctions établies, à tous ceux qui auraient exercé, pendant un laps de temps déterminé, des fonctions publiques ou des professions spécifiées.

Cette affiliation à la noblesse, récompense de

services rendus, pourrait emporter le droit exclusif de porter, en public, les armes ou les insignes
représentatifs du titre.

Elle emporterait, naturellement, la signature
avec titre, dans les actes publics ou privés, et, si
elle est héréditaire, le droit de la transmettre par
testament.

Elle pourrait même, dans les cérémonies publiques, donner le pas sur les autres citoyens.

Ce sont des distinctions qui ne nuisent à personne, qui n'exonèrent d'aucune charge et qui
sont le complément naturel de la récompense.
On pourrait, d'ailleurs, les faire payer au besoin.

Lorsque, dans une famille, un titre de noblesse serait héréditaire, une seule personne aurait le droit de le porter et elle ne le pourrait
qu'après avoir exercé elle-même une des fonctions ou professions désignées pour acquérir la
noblesse pendant un laps de temps à déterminer,
mais plus court.

De cette façon, tout en faisant profiter les familles des services rendus par les ascendants et
en donnant à la classe aristocratique la permanence nécessaire, on éviterait l'inconvénient

d'avoir une noblesse incapable, inactive, ne remplissant pas ses devoirs et ne se donnant que la peine de naître pour jouir des avantages et des privilèges.

Quant à la troisième source d'influence de l'Aristocratie, qui est la fortune territoriale et la résidence à la campagne, on pourrait la faciliter en obligeant ceux auxquels on conférerait la noblesse héréditaire, dès qu'ils seraient en mesure de le faire, à justifier de la possession d'une propriété, grande ou petite, avec habitation, sur laquelle reposerait désormais le titre appartenant à la famille.

Cette propriété ne serait frappée d'aucune inaliénabilité. Elle pourrait être saisie, vendue, hypothéquée comme les autres, mais, si à la mort du titulaire, la famille n'avait plus la propriété sur laquelle reposait le titre, elle en serait dépossédée après un laps de temps et des conditions à déterminer.

Des services éclatants, rendus à la Nation par des individualités pauvres, pourraient être récompensés par la noblesse héréditaire, accompagnée d'une dotation qui leur permettrait d'acquérir la terre nécessaire au port du titre.

Quant à la formation et à la conservation de la fortune dans l'Aristocratie, il n'y aurait aucune mesure exceptionnelle à prendre si la liberté de tester, même réduite à la moitié des biens, existe. L'expérience prouve, en effet, que cette liberté, surtout favorable aux classes pauvres, est assez judicieusement mise à profit par les membres de l'Aristocratie pour assurer, à ceux qui porteront le titre, la situation nécessaire pour assurer le prestige du rang.

L'Aristocratie, ainsi constituée, aura donc la triple influence que doivent avoir les autorités sociales pour que leur action ait toute l'ampleur désirable : La situation de la famille, la capacité personnelle, la richesse.

Elle ne constituera pas une classe fermée et à part, puisqu'elle sera accessible à tous, soumise à toutes les charges, qu'elle ne jouira d'aucun privilége et qu'elle sera la récompense d'un effort personnel.

Mais, pour la maintenir toujours à sa hauteur, il faudra prendre quelques mesures de précaution.

La meilleure et la plus simple me paraît être de la grouper par ressort de Cour d'appel ou de

Corps d'armée et de laisser, à chacun de ces groupes, toute liberté pour s'organiser, notamment pour élire des chefs qui auront la surveillance de tout ce qui constitue les droits, les traditions, les coutumes, l'honneur de la noblesse et pourraient, non seulement poursuivre en justice les usurpations de titres, port d'insignes, etc., etc., mais aussi représenter le groupe ou ses membres, tant en demandant qu'en défendant, près du Tribunal des Conflits, devant lequel seraient portés les cas graves et les violations de la loi constitutive de l'Aristocratie.

C'est dans cette Aristocratie, ainsi, constituée, que seraient choisis les membres héréditaires qui devraient composer la moitié de la Chambre haute.

Leur grande situation, leur indépendance, leur capacité personnelle donneraient, à leurs conseils, toute l'autorité nécessaire et ils pourraient être les arbitres écoutés dans les conflits qui s'élèveraient entre le Souverain et la Chambre des Députés.

C'est, en réalité, le rôle qu'a joué, en Angleterre, jusqu'à nos jours, la Chambre des Pairs. Si, à l'heure actuelle, elle ne le remplit plus ou imparfaitement, cela tient à des fautes commises par les trois pouvoirs.

Par le Souverain, qui, de gré ou de force, s'est peu à peu laissé dépouiller de quelques-uns des droits qu'il tenait de la délégation divine, ou a négligé si longtemps de les exercer qu'on les considère comme tombés en désuétude.

Par la Chambre des Communes, qui a abusé de son droit de voter le budget pour empiéter sur ceux de la Souveraineté et de la Chambre des Lords.

Par cette dernière, dont les membres ont une tendance, de plus en plus accusée, à jouir égoïstement des avantages de leur position, sans vouloir en remplir les charges et qui acceptent, trop facilement, l'élévation à la pairie d'individualités qui n'y ont d'autres droits qu'une fortune plus ou moins bien acquise.

Le conflit qui s'est élevé dans le courant de 1909, entre les deux Chambres, est le résultat de ces fautes.

Le parti qui dominait à cette époque, dans la Chambre des Communes, en a profité pour continuer les conquêtes.

Le Souverain, désarmé, ne peut défendre la

Chambre des Lords et celle-ci, amoindrie par la conduite de la majorité de ses membres, gênée par les abus dont ils profitent, est en mauvaise posture pour se défendre.

L'opinion publique, sans se rendre bien compte de cette situation, s'en est émue et a vu d'un œil indulgent les entreprises du ministère libéral.

Il serait regrettable que les deux partis ne comprissent pas les fautes qu'ils commettent. En persistant l'un et l'autre dans leur intransigeance, ils arriveront fatalement à détruire l'équilibre de la Constitution qui a fait, pendant trois siècles, la fortune de l'Angleterre.

Pour en revenir à la nôtre, en admettant que l'intervention de la Chambre haute ne suffise pas pour apaiser les conflits, on pourrait avoir recours, comme dernier expédient, à une Commission, composée par parties égales de membres des deux Chambres et du Conseil d'Etat, qui, présidée par le Président du Tribunal des Conflits, trancherait le débat.

Tout cet ensemble ainsi organisé, il resterait à choisir le Souverain.

Il se pourrait que, dans les convulsions qui, je

le crains, précéderont le travail de reconstitution de la France, une personnalité éminente ait rendu de tels services que son choix s'imposât sans conteste.

L'histoire fournit de nombreux exemples de dynasties fondées, soit par un soldat heureux, soit par un homme politique dont l'énergie a sauvé son pays de la ruine et qui se sont perpétuées, acceptées par la majorité de la nation, lorsque ses successeurs ont su conserver ses traditions et remplir convenablement les devoirs de leur charge.

Mais, pour adopter cette solution, il faut que les services rendus, les mérites, les qualités personnelles, aussi bien que la certitude de lui voir observer et faire pratiquer la Loi Morale, imposent le candidat.

L'Assemblée constituante devra donc se garantir contre les intrigues et les visées ambitieuses de politiciens sans scrupules, que des circonstances heureuses auraient mis en évidence.

Elle le doit d'autant plus que ce moyen, tout exceptionnel, a l'inconvénient de créer une dynastie nouvelle à côté de celles qui existent déjà et d'augmenter ainsi les chances de trouble que peuvent causer leur compétition au pouvoir souverain.

Si donc, ce qui est peut-être à souhaiter, aucune individualité nouvelle ne s'impose, la Constituante devra choisir dans les anciennes familles qui ont régné sur la France.

Il y en a actuellement deux, dont les chefs sont candidats perpétuels à la Souveraineté : La dynastie Napoléonnienne, représentée actuellement par le prince Victor, et la dynastie des Bourbons, par le duc d'Orléans.

Entre les deux, j'estime qu'il n'y aurait pas à hésiter. Il faudrait choisir le second. Non pas parce qu'il vaut mieux que le premier, car je ne veux faire aucune personnalité, ni établir aucun parallèle, mais, uniquement. parce que sa famille, qui a longtemps régné sur la France, représente mieux ses traditions et que les principes, sur lesquels il fonde ses prétentions, se rapprochent davantage de ceux que j'ai exposés plus haut et qui sont la vraie base d'un gouvernement normal et durable.

La dynastie Napoléonienne, en effet, ne reconnait, comme source unique de l'Autorité, que la volonté populaire et, si elle accepte la Loi Morale, au moins dans ses préceptes essentiels, ce n'est pas parce qu'elle émane de Dieu, qui lui délègue son autorité pour la faire observer, mais parce que l'expérience lui a appris qu'elle est la base de tout ordre social.

Au fond, elle ne se croit pas liée par elle, ni obligée de s'y soumettre la première.

Elle ne l'applique que comme un moyen de gouvernement et elle admet que son pouvoir, qui repose uniquement sur la force, la domine et peut en user au mieux de ses intérêts.

C'est, en résumé, la théorie du Césarisme antique qu'elle fait revivre en l'adaptant au milieu actuel.

Or, le Césarisme n'est, tout le monde le sait, que l'expédient nécessaire et la forme fatale à laquelle aboutit le régime démocratique, lorsque la Nation, lasse des troubles que font naître l'instabilité et les caprices de la volonté populaire, remet sa destinée entre des mains capables de diriger et de dompter cette volonté.

Peut-être un referendum populaire donnerait-il la majorité au prince Victor ?

Il y a moins longtemps que sa dynastie a régné

sur la France. Elle est toujours auréolée par les souvenirs de gloire qui entourent son fondateur et bien des gens encore se souviennent des services rendus à la cause de l'ordre par Napoléon III, ainsi que des vingt ans de prospérité qui ont composé son règne.

Et puis, faut-il le dire, ses principes religieux plus vagues conviennent-ils mieux, peut-être, à l'état d'âme actuel de la majorité.

Mais il y a tout lieu de craindre que, si le prince Victor accédait à la Magistrature suprême, lui et surtout ceux qui l'entourent, n'emploient la force, qui serait à leur disposition, non pour observer loyalement la Constitution, mais pour la combattre et rétablir les théories chères à la Démocratie athée.

Je sais bien, d'autre part, que si le parti du duc d'Orléans est composé, en grande majorité, de gens disposés à accepter la Constitution ci-dessus proposée comme la seule possible et la seule vraie, il comprend aussi, d'un côté, ceux qui n'admettent que la théorie du droit divin et, de l'autre, ceux qui voudraient, selon la formule à la mode, l'Eglise libre dans l'Etat libre.

Mais je crois que les uns et les autres sont

des théoriciens, plus ou moins utopistes, que l'application loyale de la Constitution ferait taire ou convertirait. Ils ne sont, d'ailleurs, que des États-majors sans soldats et le bon sens populaire ferait vite justice de leurs idées en constatant la paix, la prospérité qui seraient la conséquence de la marche normale du Gouvernement.

Que dureraient cette paix, cette prospérité ?

Il ne faut pas se faire d'illusions. Elles ne seraient pas éternelles. Sous la poussée du vice originel, on s'en lasserait et les richesses qu'elles auraient engendrées procureraient trop d'occasions de violer la Loi Morale pour que la bonne influence de ses préceptes n'en soit pas amoindrie.

On retomberait donc dans l'instabilité et les troubles, surtout si, à ce moment là, le Gouvernement n'est pas à la hauteur de sa tâche. Mais il est à croire que cet état ne serait que passager.

La lutte contre les entreprises du mal est une des conditions de la vie humaine et les nations n'y échappent pas plus que les individus. Elles pourront toujours en sortir victorieuses, tant qu'elles suivront les conseils de l'Église Catholique, qui a le dépôt et la garde des principes qui assurent la vie des associations.

La France actuelle, aura-t-elle l'énergie de réagir contre les principes opposés qui l'envahissent maintenant de toutes parts ?

Ceux qui l'espèrent sentent qu'il n'est que temps d'agir et comprennent que, pour agir efficacement, il faut unir dans un seul faisceau toutes les forces conservatrices. J'ai indiqué le terrain sur lequel cette union peut se faire. J'ai surtout démontré, je le crois au moins, que c'est le seul possible.

A l'œuvre donc et que l'on commence de suite cette campagne qui doit aboutir à l'union de tous les bons citoyens sous la bannière de la Loi Morale !

Avec de l'énergie, de la discipline, jointes au dévouement et à l'esprit de sacrifice, qui sont indispensables, on doit réussir.

La Belgique nous en a donné l'exemple et je ne vois pas pourquoi le bon sens français ne reprendrait pas ses droits et ne finirait pas par comprendre qu'on trompe, qu'on avilit la nation, pour mieux la dominer et l'exploiter.

Dans tous les cas et sans être prophète, on peut dire, d'une façon certaine, que, si la réaction ne se fait pas, c'est ou la ruine et la disparition de la

France, conquise et mutilée par ses vainqueurs, ou le retour inévitable à la barbarie.

Peu à peu, en effet, en oubliant, en violant les préceptes qui, toujours et partout, ont été et seront les bases de l'ordre social, nous descendrons plus bas que les nations antiques, plus bas même que celles que dirige le Coran, car les unes et les autres ont reconnu et appliqué quelques-uns de ces préceptes, ce qui leur a permis de vivre, tandis qu'en les répudiant tous, sans les remplacer, nous détruisons tout sans rien relever.

Aussi, dans un temps moins éloigné peut-être que l'on ne pense, les voyageurs passeront-ils dans notre pays, naguère si florissant, si prospère, pour n'y plus trouver que le silence, la désolation, les ruines qui, partout et dans tous les temps, sont la conséquence de l'abandon complet de la Loi Morale.

TABLE DES MATIÈRES

TRÉVOUX. — IMPRIMERIE J. JEANNIN.